Die echte Jeden-Tag Küche

Gut kochen und essen Tag für Tag

Die echte Jeden-Tag Küche

Gut kochen und essen Tag für Tag

Autorin: **Cornelia Schinharl**
Fotografie: **Ulrike Holsten**
Produktion und Styling: **Frauke Koops**

6 **Produkte und Vorrat** Clever geplant

8 **Küchenhelfer** Die Basics

10 **Die Hits** der schnellen Küche

Alltag

14 **Tipps rund um den Alltag** Stressfrei gestalten

16 **Snacks und Salate** Gegen den schnellen Hunger

32 **Suppen und Eintöpfe** Zum Löffeln gut

48 **Reis, Nudeln und Co.** Ein Teller voll Glück

66 **Kartoffeln und Gemüse** Gartenfreuden

82 **Fisch und Fleisch** Immer wieder gut

98 **Süßes** Zum Sattessen

Sonntag

114 **Tipps zum Zubereiten, Anrichten und Garnieren**

118 **Menütipps für besondere Tage**

120 **Feine Vorspeisen** Zum Verwöhnen

132 **Nudeln & Co.** Zum Schwelgen

144 **Fisch** Heute mal raffiniert

156 **Braten & Ragouts** Fast von selbst gekocht

170 **Gemüse ganz edel** Mehr als nur Beilage

182 **Desserts** Unentbehrlich

Gut geplant

Jeden Tag einkaufen gehen – wer will das schon! Da ist es gut, wenn man einen Basisvorrat zu Hause hat, aus dem man schnell was zaubern kann. Weil man die Zeit, die man fürs Einkaufen braucht, anders nutzen kann. Oder weil mal überraschend Besuch vor der Tür steht, der auch noch Hunger im Gepäck hat.

Clever einkaufen

- Erst einmal überlegen, welche Gerichte Sie in der nächsten Woche oder zumindest in den nächsten drei bis vier Tagen zubereiten möchten.
- Ordnen Sie Zutaten auf der Einkaufsliste nach Produktgruppen oder nach dem Einkaufsort. Also alles, was Sie beim Gemüsehändler, beim Metzger oder im Supermarkt kaufen, in getrennte Spalten schreiben.
- Prüfen Sie im Vorrat, was fehlt, was Sie ergänzen müssen.
- Bleiben Sie flexibel: Wenn es keine rote Paprika gibt, nehmen Sie gelbe, wenn die Schweineschnitzel besser aussehen als die Kalbsschnitzel, planen Sie kurzfristig um. Und nutzen Sie Angebote – eventuell einfrieren!
- Wenn Ihre Einkaufsliste lang ist, streichen Sie alles durch, was erledigt ist. So übersehen Sie nichts.

Vorrat im Schrank

In Dosen oder Gläsern

Gehäutete Tomaten, Tomaten in Würfeln und Tomatenpüree | Gehäutete eingelegte Paprikaschoten Artischockenböden in Lake oder Öl | Thunfisch im eigenen Saft oder in Olivenöl | Ölsardinen Gegarte Kichererbsen und Bohnen | Kokosmilch Sauerkraut, fertig gegart | Olivenöl, Rapsöl und ein neutrales Öl zum Braten | für Asiagerichte Sesamöl (nach dem Öffnen im Kühlschrank lagern) | Sojasauce Früchte: z. B. Ananas, Aprikosen, Sauerkirschen und Pfirsiche

Aus der Packung

Reis, Risottoreis | Instant-Couscous | Instant-Polenta Ebly | Verschiedene Nudelsorten, auch asiatische Linsen: Tellerlinsen, die kleinen Berglinsen und geschälte rote | Getrocknete Steinpilze und Shiitake Getrocknete Früchte wie Feigen, Datteln und Aprikosen Gewürze in kleinen Mengen, ausreichend Salz | Mehl Zucker | Zartbitter-Schokolade | Geröstete gesalzene Erdnüsse

Angebote nutzen – selber einfrieren

Hat Ihr Metzger diese Woche Kalbsschnitzel oder Hühnerbrüstchen auf der Tafel? Kaufen Sie gleich mehr und frieren Sie einen Teil davon (am besten einzeln verpackt) ein. Auch der große Braten und das fleischige Bauernhähnchen lassen sich so gut im Vorrat halten.

Das gleiche gilt für Fisch: Fischfilets einzeln oder mit Folie dazwischen verpacken und einfrieren. Aber: immer nachfragen, ob der Fisch schon einmal eingefroren war. Dann muss er nämlich gleich verwendet werden.

➤ Wer gerne Ingwer mag, aber nicht immer zu kaufen bekommt, legt sich einen kalten Vorrat ein. Die Wurzel schälen, in Folie verpackt einfrieren und das, was man braucht, jeweils gefroren reiben. Rest zurück ins Gefrierfach.

➤ Das gilt auch für Zitronengras und Zitronenblätter: Zitronengras einzeln verpacken und einfrieren, Blätter zusammen im Beutel lassen und nur so viel entnehmen, wie man gerade braucht.

➤ Die Petersilie sieht mal wieder so super frisch und knackig aus? Dann gleich mehr davon kaufen, waschen, trockenschütteln und fein hacken. In einem kleinen Gefäß mit Deckel einfrieren. Bei Bedarf entnehmen und gefroren unter die Gerichte rühren.

➤ Tomatenzeit! Jetzt schmecken sie so richtig aromatisch und sind auch noch preiswert zu haben. Tomaten häuten, würfeln und in kleineren bis mittleren Portionen einfrieren. Roh schmecken sie dann nicht mehr, aber für Suppen und Saucen sind sie ideal.

Vorrat im Kühlschrank

Meerrettich im Glas oder in der Tube, am besten auch Wasabi (japanischer Meerrettich) | Senf in verschiedenen Sorten | Sambal oelek und Currypaste | Kapern | Getrocknete, in Öl eingelegte Tomaten | Oliven ganz und als Paste (Tapenade) | Pesto | Eier | 1 Stück Parmesan | Käse wie Feta oder Mozzarella | Sahne (süße und saure) | Milch | Butter

Vorrat im Tiefkühlschrank

Verschiedene Sorten TK-Gemüse (in jedem Fall Spinat, Erbsen, Brokkoli) | Beeren, einzeln und gemischt | Hackfleisch in flachen Packungen, damit es schneller auftaut | 1 Stück Hartkäse, den man reiben und zum Gratinieren nehmen kann | Rohe Garnelen, mit oder ohne Schale | Blätterteig in Platten

Vinaigrette für die ganze Woche

Schraubglas mit 1 EL scharfem Senf oder Honigsenf, 8 EL Weißweinessig, Aceto balsamico oder Zitronensaft, 20 EL Oliven- oder Rapsöl, Salz und Pfeffer füllen. 1/2 TL Honig oder Zucker (falls Sie keinen Honigsenf genommen haben) zugeben, Glas verschließen und alles kräftig schütteln. Vinaigrette im Kühlschrank lagern und jeweils die benötigte Menge entnehmen. Vorher immer noch einmal durchschütteln.

Die Basics

Küchengerät Nr. 1 – ein Messer, das gut schneidet – damit geht alles leichter, exakter und schneller noch dazu. Mehr dazu unten. Nr. 2: ausreichend viele und unterschiedlich große Schneidebretter, eins davon mit Saftrinne, damit der Bratensaft beim Schneiden des Fleischstücks nicht auf die Arbeitsplatte läuft. Nr. 3: Schüsseln in unterschiedlichen Größen, für die vorbereiteten Zutaten, aber auch zum Anrühren und Mischen.

Messer: Ein teures, hochwertiges Messer zu haben ist besser als fünf billige, die schon nach kurzer Zeit nicht mehr gut schneiden. Dieses eine Messer sollte mittelgroß (Klingenlänge etwa 15 cm) und in einem Stück gearbeitet sein und eine hohe Klinge (zum Schutz der Finger) haben. Außerdem braucht man noch ein kleines Messer zum Schälen von Knoblauch und Ingwer. Die Messer übrigens nicht einfach in die Küchenschublade legen, sondern in einer Hülle lagern oder im Messerblock aufbewahren. Die Klinge bleibt so länger scharf. Außerdem nicht in die Spülmaschine geben, darin werden Messer ebenfalls schneller stumpf. Lieber unter heißem Wasser mit wenig Spülmittel und einem weichen Küchentuch reinigen. Stahlwolle und Ähnliches sind natürlich tabu. Auch die Unterlage spielt eine Rolle. Weiche Bretter aus Holz schonen die Klinge, anders als harte Materialien wie Marmor.

Sauber! Ein Küchengerät kann noch so gut funktionieren, wenn es sich nicht einfach auseinandernehmen und reinigen lässt, ist es nur halb so viel wert. Nehmen Sie die Teile also vor dem Kauf ruhig erst einmal auseinander und setzen Sie sie wieder zusammen. Nur wenn das leicht geht und Sie sehen, dass Sie mit der Spülbürste gut in alle Ecken des Gerätes gelangen, sollten Sie zugreifen.

Die Kür

Daneben gibt es noch ein paar Geräte, mit denen das Arbeiten schneller oder leichter geht.

Gemüsehobel: Für eine einzige Möhre lohnt es sich nicht, die Küchenmaschine zum Einsatz zu bringen. Da ist das Reinigen der Maschine oft genauso aufwendig wie die Zeitersparnis beim Schneiden. Ein guter Gemüsehobel mit verschiedenen Einsätzen – vor allem für grobe und feine Raspel und Stifte – ist da oft die bessere Wahl. Unbedingt einen Fingerschutz für das letzte Stückchen Gemüse mitkaufen.

Platz da? Die tollste Küchenmaschine wird wenig oder gar nicht zum Einsatz kommen, wenn sie keinen festen Platz in der Küche hat. Kaufen Sie also lieber ein kleineres Gerät, in dem Sie die Zutaten vielleicht in zwei Portionen zerkleinern müssen als ein großes, das nicht stehen bleiben kann.

Käsereibe, am besten mit Handkurbel: Mit ihr kann man kleine Mengen Käse wie Parmesan, aber auch mal eine Handvoll Nüsse frisch reiben. Sie muss gut in der Hand liegen und sich leicht auseinandernehmen lassen.

Knoblauchpresse: Mehrere Knoblauchzehen sind schneller gepresst als gehackt. Wählen Sie eine stabile Presse, durch die Sie auch frischen Ingwer drücken können. Am besten nehmen Sie eine mit verschieden feinen Einsätzen.

Küchenmaschine: Für größere Mengen ist die Küchenmaschine die richtige Wahl. Welche Sie wählen, hängt vom Platz in Ihrer Küche ab und davon, wofür Sie sie einsetzen wollen. Jede Küchenmaschine sollte verschiedene Einsätze haben und sich vor allem leicht umbauen und reinigen lassen. Besonders gut sind natürlich solche, für die man bei Bedarf Aufsätze wie Getreidemühle, Saftpresse oder Ähnliches erwerben kann.

Pürierstab: Ein guter ist nicht nur für Cremesuppen nützlich, sondern zerkleinert auch die Zutaten für Pesto und andere Saucen und schlägt Sahne und Eischnee steif oder fertige Saucen vor dem Servieren schön cremig.

Zwiebelhacker: Irgendwie altmodisch, aber einfach praktisch. Zwiebeln oder anderes Gemüse in den Untersatz, Hacker aufsetzen und alles mit ein paar Handgriffen zerkleinern. Mit wenig Muskelkraft und ganz ohne Strom. Auch für Nüsse, Schokolade und vieles andere mehr geeignet. Elektrische Alternative ist der Blitzhacker.

BRAUN
AEG

Dosentomaten

Nur Tomaten, die viel Sonne getankt haben, kommen in Italien in die Dose. Dadurch sind sie zum Kochen oft, vor allem im Winter, die bessere Alternative.

Ideen: Pürieren, mit Brühe und Sahne oder Crème fraîche verrühren, die Suppe erwärmen, mit Salz, Pfeffer, Chili und 1 Prise Zucker würzen und TK-Kräuter einstreuen. • Für Nudelsauce Knoblauch, Ingwer und Kräuter andünsten, Tomaten klein schneiden, alles 10 Min. köcheln lassen. • Grob hacken, mit aufgetautem TK-Spinat mischen, auf Pizzateig legen und mit Gorgonzola belegt backen.

Brot

Eine ideale Grundlage schneller Gerichte.

Ideen: Für eine Suppe Zwiebelstreifen mit Kümmel in Butter andünsten. Brotwürfel zugeben, an Brühe gießen und 10 Min. köcheln lassen. Mit Käse bestreuen. • Dosentomaten würfeln, mit Käse, Kräutern und Oliven mischen, lagenweise mit Brot in eine Form schichten, backen. • Brot würfeln, rösten und mit Gemüsewürfeln (Tomaten, Gurken, Paprika) und eventuell Thunfisch mischen. Mit Olivenöl, Salz und Pfeffer abschmecken, kurz ziehen lassen.

Bohnen

und Kichererbsen aus der Dose einfach im Sieb gut abspülen und weiterverwenden.

Ideen: Stangensellerie oder Paprika und Tomaten würfeln, mit Kräutern, Essig und Öl unter die Hülsenfrüchte mischen und als Salat essen. • Mit Olivenöl, Zitronensaft und etwas Wasser zu einer Creme pürieren, mit Kräutern, Chili (oder Harissa) und Gewürzen abschmecken. Auf Brot essen oder zum Dippen von Gemüse nehmen. • Mit Brühe pürieren, erwärmen und mit kleinen Krabben, eingelegten Peperoni in Ringen oder Frühlingszwiebeln verfeinert als Suppe löffeln.

Die Hits der schnellen Küche

Pesto und Olivenpaste

Pesto gibt's als Klassiker aus Basilikum und Pinienkernen, aber auch aus Bärlauch, getrockneten Tomaten und vielem mehr. Olivenpaste wird meist aus schwarzen Oliven gemacht. Wenn man die Pasten stets mit einem Ölfilm verschließt, kann man sie lange im Kühlschrank lagern.

Ideen: Sahne oder Crème fraîche leicht einkochen lassen. Pesto oder Olivenpaste einrühren, mit Salz, Pfeffer und Zitronensaft abschmecken und zu Schnitzeln, Fischfilets oder Garnelen reichen. • Brotscheiben rösten, mit Pesto oder Olivenpaste bestreichen, mit Tomaten- oder Käsewürfeln belegen. • Gemischte TK-Gemüse kochen, mit Pesto mischen und mit geriebenem Parmesan servieren. • Olivenpaste mit Quark oder Ricotta verrühren, zu Ofenkartoffeln essen.

Pizza- und Blätterteig

Fertig ausgerollt auf Backpapier oder aus der TK-Truhe sind Fertigteige Grundlage für mehr als Pizza und Quiche. Den aus der Kühlung nur aufrollen, TK-Blätterteig 10 Min. auftauen lassen, auf Mehl leicht ausrollen.

Ideen: Pizzateig mit wenig Tomaten, Knoblauch, Kräutern und Öl bestreichen, backen und in kleinen Stücken zum Aperitif reichen. • Pizzateig nur mit Öl bestrichen backen, danach in Stücke schneiden, mit Pesto garnieren und zum Aperitif essen. • TK-Blätterteig nach dem Ausrollen in Quadrate schneiden, mit Mozzarellawürfeln und Pesto oder Olivenpaste belegen, zusammenklappen und backen.

Instant-Couscous, Polenta und Reis

Brauchen zwischen 5 und 10 Min. Garzeit und sind daher eine schnelle Beilage, die man mit wenigen Zutaten aufpeppen kann, mit Salat auch eine Hauptsache.

Ideen: Couscous 5 Min. quellen lassen oder Reis kochen, mit Schinkenwürfeln, Tomatenwürfeln, Zitronensaft und Olivenöl als Salat anmachen. • Couscous, Polenta oder Reis kochen, gehackte Kräuter und Crème fraîche untermischen, als Beilage genießen. • Statt Kräutern gehackte getrocknete Tomaten, Oliven und Kapern mit Olivenöl unterrühren.

Thunfisch aus der Dose

Er zählt inzwischen zu den Fischsorten, die man aus Gründen des Artenschutzes nur ab und zu genießen sollte. Entweder Thunfisch im eigenen Saft nehmen oder den edlen in Olivenöl.

Ideen: Mit Crème fraîche, Zitronensaft und Kapern pürieren, auf geröstetem Brot servieren. • Mit gehackten roten Zwiebeln, Tomatenwürfeln, Basilikum und Oliven mischen, mit Olivenöl und Balsamico zum Salat anmachen. • Mit frischen und getrockneten gehackten Tomaten, Knoblauch und Kräutern als Pastasauce erwärmen.

Käse

Luftdicht verpackt kann man ihn im Kühlschrank immer vorrätig haben.

Ideen: Hartkäse in dünne Scheiben schneiden und mit Radieschenscheiben, Tomatenwürfeln und Schnittlauch als Salat anmachen. Zu Pellkartoffeln oder Brot essen. • Feta zerkrümeln, mit getrocknetem Oregano, Pfeffer und Olivenöl anmachen und auf gehäutete Paprikastreifen aus dem Glas streuen. Mit Fladenbrot essen. • Beliebigen Käse fein zerkleinern, mit gepresstem Knoblauch und Olivenöl verrühren, auf Tomatenscheiben verteilen und im Ofen backen.

Eier

Sie halten sich lange und sind unglaublich vielseitig.

Ideen: Hart kochen, würfeln und mit gehackter Gurke, Sellerie, Petersilie und saurer Sahne verrühren. Mit Senf, Salz und Pfeffer abschmecken und mit Schinken, Räucherfisch oder Pellkartoffeln essen. • Hart kochen, längs halbieren. Eigelb rauslöffeln, mit süßer oder saurer Sahne, Senf, Sardellenpaste und Tomatenmark verrühren, abschmecken und wieder in die Hälften füllen. • Roh mit Frühlingszwiebelringen und Nordseekrabben verrühren, als Rührei braten.

Alltag

Ein bisschen Planung, Fantasie, das Wissen drumrum und ein dickes Kapitel voller abwechslungsreicher Rezepte helfen, dem Alltag genussvolle Momente zu geben.

14 **Tipps rund um den Alltag** Stressfrei gestalten

16 **Snacks und Salate** Gegen den schnellen Hunger

32 **Suppen und Eintöpfe** Zum Löffeln gut

48 **Reis, Nudeln und Co.** Ein Teller voll Glück

66 **Kartoffeln und Gemüse** Gartenfreuden

82 **Fisch und Fleisch** Immer wieder gut

98 **Süßes** Zum Sattessen

TIPPS rund um den Alltag

Kaufen Sie eher spontan ein oder machen Sie einen Wochenplan? Kochen Sie für zwei oder mehrere Personen? Nehmen Sie sich mal was mit oder essen Sie nur zu Hause? Alles Aspekte, die den Speiseplan bestimmen und dafür verantwortlich sind, wie viel Zeit Sie aufwenden müssen und wo Sie wertvolle Minuten sparen können.

Was soll's denn sein?

Wer mittags in der Kantine was Warmes bekommt, braucht am Abend eher was Kleines, einen Salat oder eine Suppe etwa. Wer tagsüber kaum zum Essen kommt, freut sich dagegen auf eine komplette Mahlzeit, und wenn die ganze Familie versorgt werden soll, bietet sich ein Hauptgericht an, das man mit einer schönen Beilage komplett macht. Im Alltag fallen Vor- und Nachspeise oft weg. Als schnelle Alternative können Sie vor dem Hauptgang einen kleinen Salat reichen und nach dem Essen frisches Obst. Gibt es ein süßes Hauptgericht, servieren Sie vorher eine Suppe oder einen Salat.

AB INS BÜRO

Ob das belegte Brot oder der Salat – wer mittags nicht in der Kantine essen will oder gar keine Gelegenheit dazu hat, kann sich von zu Hause etwas mitnehmen. Damit das Brot nicht durchweicht, am besten alle Zutaten vorbereiten und das Brot erst vor dem Essen belegen. Zusammenklappen und schmecken lassen. Ähnliches gilt für den Salat: Salatzutaten schneiden und mischen, Dressing in ein anderes Gefäß füllen und erst vor dem Essen unterheben.

Beilage – ja, bitte, aber wie viel?

Brot zum Salat, Kartoffeln zum Fisch und Reis zum Geschnetzelten. Viele Gerichte werden erst durch die Beilage richtig gut. Und so viel brauchen Sie:

- **Brot** Zum Salat reichen pro Person etwa 2 Scheiben Brot. Gibt es zum Hauptgericht Brot statt Kartoffeln, Reis oder Nudeln, rechnet man mit 50 g pro Esser. Soll es danach noch Käse geben, einfach ein bisschen mehr einkaufen.
- **Nudeln** Frisch gekocht und mit etwas Butter oder Olivenöl gemischt, passen Nudeln zum Ragout, zum Fisch mit Sauce und auch zu Gemüse gut. Als Beilage reichen 60–70 g, will man davon satt werden, braucht es je nach Üppigkeit der Sauce zwischen 100 und 125 g.
- **Kartoffeln** Als Salz- oder Pellkartoffeln zubereitet oder nach dem Kochen zu Bratkartoffeln verarbeitet – mit 150 g sind Sie dabei. Sind Kartoffeln allerdings die Hauptsache am Tisch, müssen es mindestens 250 g pro Person sein.
- **Reis und anderes Getreide** 50 g als Beilage, 100 g, wenn Reis und Co. die Hauptsache sind.
- **Salat** Als Beilage genügen 50 g Blattsalat pro Person, mit einer einfachen Sauce aus Essig, Salz, Pfeffer und Öl angemacht. Soll der Salat schön satt machen, am besten verschiedene Zutaten mischen und zwischen 150 und 200 g pro Person vorbereiten und anmachen.

Wenn alle zu unterschiedlichen Zeiten essen wollen

Hat man früher die Gerichte oft ewig warm gehalten, kennt man heute die bessere Alternative: Aus Topf oder Pfanne nehmen, schnell abkühlen lassen. Wenn der nächste Hungrige nach Hause kommt, bei starker Hitze unter Rühren wieder aufwärmen – in der Pfanne, im Topf oder auch mal in der Mikrowelle.

Koch mehr und mach was draus

Wenn Sie Kartoffeln, Reis oder Nudeln als Beilage zubereiten, sollten Sie an den nächsten oder übernächsten Tag denken und gleich mehr davon kochen: Gröstl, gebratener Reis oder überbackene Nudeln sind schnell gemacht.

Für Gröstl gekochte Kartoffeln in Scheiben schneiden und mit Zwiebelstreifen, Braten- oder Schinkenresten und/ oder Gemüse in der Pfanne braten. Reis oder Nudeln ebenfalls mit Gemüse braten, zum Schluss nach Belieben 1–2 Eier unterrühren und nur kurz stocken lassen. Für einen Auflauf (aus Kartoffeln, Reis oder Nudeln) Gemüse fein schneiden und untermischen. 3–4 Eier, 150 g Sahne und 100 g frisch geriebenen Hartkäse verrühren, darübergießen und bei 200° goldbraun backen.

Schon beim Einkaufen bedenken

Sie wollen gute Zutaten, die Sie frisch zubereiten möchten? Haben aber trotzdem nicht viel Zeit? Dann lassen Sie sich helfen oder greifen zum passenderen Stück!

- Vier große Kartoffeln sind schneller geschält als zehn kleine, zwei Fleischtomaten schneller geschnitten als 20 Cocktailtomaten.
- Fleisch für Gulasch oder Geschnetzeltes vom Metzger frisch schneiden lassen.
- Schinken und Speck auch mal schon gewürfelt frisch beim Metzger oder abgepackt kaufen.
- Fischfilets statt ganzer Fische kaufen oder im Laden filetieren und häuten lassen. Ganze Fische vom Händler schuppen und ausnehmen lassen.
- Bei Reis, Polenta und Couscous auch mal zu vorgegarten Körnern greifen, die nach 5 bis 10 Min. fertig sind und ebenfalls sehr fein schmecken.
- Immer gehackte TK-Kräuter im Vorrat haben. Gibt vielen Gerichten den besonderen und schnellen Frischekick.

Mehr oder weniger Esser am Tisch

Die meisten Gerichte lassen sich problemlos halbieren bzw. verdoppeln. Wenn's doch mal nicht so leicht geht, finden Sie das, ebenso wie Anregungen für die Resteverwertung, in einem Tipp beim Rezept. Ausserdem erfahren Sie hier, was Sie besser in zwei Portionen garen und erst vor dem Servieren mischen und was sich besonders gut für viele eignet.

Couscous ausquellen lassen, fertig!

Snacks und Salate

Brötchen mit Zucchini-Frischkäse

sommerlich | Für 4 Personen | 10 Min. Zubereitungszeit
Pro Portion ca. 235 kcal, 6 g EW, 12 g F, 25 g KH

150 g Zucchini | 1 Tomate | 1/4 Bund Basilikum | 1 TL Kapern
150 g Doppelrahm-Frischkäse | 2 EL feste saure Sahne
1 TL Zitronensaft | Salz und Pfeffer | Chilipulver | 4 Brötchen

1 Den Zucchino waschen, putzen und fein raspeln. Falls sich dabei Flüssigkeit bildet, abgießen. Die Tomate waschen und fein würfeln. Basilikumblättchen abzupfen, mit den Kapern fein hacken.

2 Frischkäse mit saurer Sahne und Zitronensaft verrühren. Zucchino, Tomate, Basilikum und Kapern unterrühren und die Creme mit Salz, Pfeffer und 1 Prise Chili abschmecken. Brötchen halbieren, beide Seiten mit Creme bestreichen und servieren.

Fischbrötchen mit Radieschencreme

deftig-frisch | Für 4 Personen | 10 Min. Zubereitungszeit
Pro Portion ca. 380 kcal, 22 g EW, 20 g F, 29 g KH

150 g Radieschen | 125 g saure Sahne | 2 TL süßer Senf
1 EL Schnittlauchröllchen | Salz | 1 Prise gemahlener Koriander
4 längliche Brötchen oder Kornspitz | 4 Bismarkheringe oder doppelte Matjesfilets

1 Die Radieschen waschen, putzen und raspeln. Saure Sahne mit Senf, Radieschen und Schnittlauch verrühren, mit Salz und Koriander abschmecken.

2 Die Brötchen aufschneiden, Radieschencreme auf den unteren Hälften verteilen. Jeweils 1 Bismarkhering oder 1 aufgeklapptes Matjesfilet darauflegen. Obere Hälften auflegen und die Brötchen rasch servieren.

Bunt belegte Panini

Italo-Snack | Für 4 Personen | 15 Min. Zubereitungszeit
Pro Portion ca. 455 kcal, 20 g EW, 15 g F, 35 g KH

1/2 Bund Rucola | 1 feste Tomate | 4 Artischockenherzen (Glas) | 1 Beutel Mozzarella (125 g) | 2 EL Crème fraîche | 2 TL Pesto (Glas) | 4 Ciabatta-Brötchen | 8 dünne Scheiben roh geräucherter Schinken | Salz und Pfeffer

1 Den Rucola verlesen, waschen und trockenschütteln. Die Tomate waschen und mit den Artischockenherzen in Scheiben schneiden. Den Mozzarella abtropfen lassen und in Scheiben schneiden.

2 Crème fraîche mit Pesto verrühren. Brötchen aufschneiden, die unteren Hälften mit der Creme bestreichen. Rucola, Tomate, Artischocken, Mozzarella und Schinken darauflegen, Tomate dabei leicht salzen und pfeffern. Brötchen zusammenklappen. Gleich essen oder zum Mitnehmen einpacken.

Paprika-Käse-Brötchen

toller Imbiss | Für 4 Personen | 25 Min. Zubereitungszeit
Pro Portion ca. 315 kcal, 16 g EW, 16 g F, 29 g KH

1 rote Paprikaschote | 1 Zwiebel | 2 TL Butter | 1/2 TL getrocknete gemischte Kräuter | 150 g frisch geriebener Hartkäse (z. B. Bergkäse, Emmentaler oder Gouda) | 3 EL saure Sahne | Salz und Pfeffer | 4 längliche Brötchen

1 Den Backofen auf 200° (Umluft 180°) vorheizen. Die Paprika waschen, putzen und in kleine Würfel schneiden. Die Zwiebel schälen und fein hacken. Beides in der Butter mit den zerrebelten Kräutern bei schwacher Hitze etwa 5 Min. dünsten.

2 Die Mischung etwas abkühlen lassen, mit Käse und saurer Sahne mischen, salzen und pfeffern. Die Brötchen längs halbieren, mit der Krume nach oben auf das Backblech legen. Käsemasse darauf verteilen. Brötchen im Backofen (Mitte) etwa 8 Min. backen, bis der Belag leicht braun ist.

Leichtes für Fischfans
Für 4 Personen
15 Min. Zubereitungszeit
Pro Portion
ca. 495 kcal, 48 g EW, 18 g F, 7 g KH

- 1 säuerlicher Apfel (etwa 150 g)
- 1 EL Zitronensaft
- 1 Stück frischer Meerrettich (etwa 2 cm lang)
- 1 Kästchen Gartenkresse
- 200 g saure Sahne
- 50 g süße Sahne
- 1/2 TL Apfeldicksaft (ersatzweise Ahornsirup oder Honig)
- Salz
- 4 geräucherte Fischfilets ohne Haut (Forelle, Saibling oder Renke)

Räucherfisch
mit Apfel-Meerrettich

1 Den Apfel vierteln, schälen und vom Kerngehäuse befreien. Den Apfel grob raspeln und mit dem Zitronensaft mischen. Das Meerrettichstück schälen und fein raspeln. Die Kresse mit der Küchenschere vom Beet schneiden.

2 Die saure und die süße Sahne mit dem Apfeldicksaft verrühren. Apfelraspel, Meerrettich und Kresse untermischen und die Sauce mit Salz abschmecken.

3 Räucherfischfilets auf Tellern anrichten. Die Sauce daneben setzen und den Fisch rasch servieren. Dazu passt Toastbrot oder frisches Weißbrot.

Das geht auch Nehmen Sie Schinken, Kasseler oder Roastbeef statt Fisch. Probieren Sie mal Birne oder Trauben statt Apfel aus.

Knackiges Gemüse mit würzig-frischer Sauce. Das schmeckt als leichter Imbiss oder als Vorspeise – und ist auch an Festtagen ein toller Einstieg ins Menü.

Grüner Spargel

mit Eier-Feta-Sauce

frühlingsfrischer Genuss

Für 4 Personen

30 Min. Zubereitungszeit

Pro Portion ca.

410 kcal, 34 g EW, 26 g F, 10 g KH

- 2 Eier
- 1 kg grüner Spargel
- 4 EL Olivenöl
- Salz und Pfeffer
- 100 g Feta
- 1/2 Bund Petersilie
- 4 getrocknete, in Öl eingelegte Tomaten
- 2 Frühlingszwiebeln
- 150 g Joghurt
- 1 EL Zitronensaft
- 1/2 TL scharfer Senf
- 8 Scheiben Schinken (roh oder gekocht)

1 Die Eier in etwa 10 Min. hart kochen. Kalt abschrecken und leicht abkühlen lassen. Inzwischen den Spargel waschen und von den holzigen Enden befreien. Die Stangen gegebenenfalls am unteren Ende dünn schälen. In einer großen oder in zwei Pfannen das Olivenöl erhitzen. Den Spargel darin bei mittlerer Hitze in 8–10 Min. bissfest braten, salzen und pfeffern. Dabei immer wieder wenden.

2 Inzwischen die Eier schälen und fein hacken. Den Feta hacken oder fein zerkrümeln. Die Petersilie waschen und trockenschütteln, die Blättchen fein hacken. Die Tomaten klein schneiden. Die Frühlingszwiebeln waschen, putzen und mit dem knackigen Grün in feine Ringe schneiden.

3 Joghurt mit Zitronensaft und Senf verrühren. Eier, Feta, Petersilie, Tomaten und Zwiebeln untermischen und die Sauce mit Salz und Pfeffer abschmecken.

4 Den Spargel auf Teller verteilen. Jeweils 2 Scheiben Schinken dazulegen, die Sauce daneben verteilen. Warm servieren.

Das geht auch Statt Spargel dünne Zucchini der Länge nach sechsteln und in Olivenöl 4–5 Min. unter Wenden braten. Schinken durch Räucherlachs ersetzen. Statt Feta milderen Käse wie Gouda oder jungen Pecorino nehmen und klein würfeln.

Küchentipp: Spargel schälen

Meist muss man bei grünem Spargel nur die Enden großzügig abschneiden. Ist dabei aber ein Widerstand zu spüren, die unteren Drittel der Spargelstangen doch dünn abschälen.

Käsedressing
mit Nüssen

vitaminreich schlemmen | Für 4 Personen
10 Min. Zubereitungszeit
Pro Portion ca. 125 kcal, 3 g EW, 11 g F, 2 g KH

1/2 Bund Schnittlauch | 1/2 Bio-Zitrone | 1 EL Walnusskerne
75 g Doppelrahm-Frischkäse oder Ziegenfrischkäse
75 g saure Sahne | 3 EL Milch | 1 EL Zitronensaft | 2 TL Olivenöl
Salz und Pfeffer

1 Den Schnittlauch waschen, trocken schütteln und in feine Röllchen schneiden. Zitrone heiß abwaschen und abtrocknen, die Schale fein abreiben. Die Walnusskerne in einer Pfanne ohne Fett bei mittlerer Hitze rösten, bis sie fein duften. Herausnehmen und fein hacken.

2 Den Frischkäse mit der sauren Sahne, der Milch, dem Zitronensaft und dem Öl glatt verrühren. Schnittlauch, Zitronenschale und Walnüsse unterrühren und die Sauce mit Salz und Pfeffer abschmecken. **Passt zu Blattsalat und gemischtem Salat, aber auch zu Tomaten und/oder Gurken.**

Das geht auch

Käsedipp Die Milch weglassen und das Dressing zum Dippen von rohen Gemüsestiften verwenden. Zusatzgeschmack bringen ein paar getrocknete, in Öl eingelegte Tomaten, in sehr kleine Würfel geschnitten, oder 1 TL Pesto oder Olivencreme (beide aus dem Glas).

Varianten
Kräuter-Joghurt-Dressing

50 g Joghurt mit 2 EL gemischten gehackten TK-Kräutern, 2 EL Zitronensaft, 1 EL naturtrübem Apfelsaft, 2 TL mittelscharfem Senf und 1 EL Rapsöl gründlich mischen und mit Salz, Pfeffer und 1 Prise Zucker abschmecken. **Passt zu Feldsalat mit Apfel oder Birne, zu Chicoréesalat mit Gurke, zu Salaten aus gekochtem Gemüse wie Rote Bete oder Brokkoli.**

Limetten-Dressing mit Sesam

40 g Sesamsamen in einer Pfanne ohne Fett rösten, bis sie zu springen anfangen. Mit 2 TL mittelgrobem Salz im Mörser so fein wie möglich zerdrücken. 1 Bio-Limette waschen, die Schale fein abreiben, den Saft auspressen. Blättchen von 1/2 Bund Basilikum hacken. 2 Frühlingszwiebeln mit dem knackigen Grün in feine Ringe schneiden. Sesamsamen mit Limettenschale und -saft, 3 TL Sesampaste (Glas), 1 TL Honig, 2 EL Sojasauce, 4 EL Gemüsebrühe und 1 EL Sesamöl verrühren. Basilikum, Zwiebelringe und 1/2 TL Korianderpulver untermischen, eventuell noch leicht salzen. **Passt zu Gemüsesalaten, etwa Zuckerschoten, grünem Spargel oder Bohnen, aber auch zu Huhn oder Meeresfrüchten sehr gut.**

Mittelmeer-Dressing

4 getrocknete, in Öl eingelegte Tomaten mit 1 EL Kapern, 1 1/2 EL entsteinten grünen Oliven und 1 Stück Bio-Zitronenschale fein hacken. 1/4 Bund Petersilie waschen, fein schneiden. 2 EL Balsamico bianco oder Weißweinessig und 2 EL Gemüsebrühe mit Salz und Pfeffer verrühren, 4 EL Olivenöl unterschlagen. Die gehackten Zutaten untermischen. **Passt zu Blattsalaten, aber auch zu Salaten aus gekochtem Gemüse, z. B. Möhren oder gebratenem Gemüse wie Zucchini und Auberginen.**

Küchentipps

Perfekt kombinieren Salate schmecken umso besser, je vielfältiger sie zusammengestellt sind. Wer Blattsalate mag, mischt verschiedene Sorten wie Radicchio, Feldsalat und Rucola. Ebenfalls gute Kombinationen sind: Blattsalate mit feinen Scheiben von Fenchel, Staudensellerie oder Möhren. Tomaten und Rucola kombiniert schmeckt immer.

Gemüse als Salat Nicht nur frische Blattsalate schmecken gut mit diesen Dressings, auch viele Gemüsesorten. Gemüse dazu in Salzwasser blanchieren. Bei verschieden nen Sorten trotzdem dasselbe Wasser nehmen und das Gemüse je nach Geschmack nach und nach zugeben. Also beispielsweise mit den eher harten Möhren anfangen, dann den Brokkoli zugeben und in der letzten Minute Lauch oder Paprikastreifen mitgaren.

Auf Vorrat Von den Dressings gleich die doppelte oder dreifache Menge machen. In einem Schraubglas im Kühlschrank ein paar Tage aufheben. Vor dem Verwenden aufschütteln.

3x Blitz-Salate

Löwenzahnsalat mit Räucherfisch

Tomaten-Melonen-Salat

Rote Beten mit Kreuzkümmel-Joghurt

Tomaten-Melonen-Salat mit Gorgonzoladressing

frisch-würzig | Für 4 Personen | 15 Min. Zubereitungszeit
Pro Portion ca. 275 kcal, 5 g EW, 22 g F, 15 g KH

1/2 Honigmelone (etwa 500 g) | 250 g Cocktailtomaten
1 Bund Rucola oder 1 Handvoll junger Spinat | 60 g Gorgonzola
60 g Sahne | 1 1/2 EL Apfel- oder Birnenessig | 3 EL Olivenöl
Pfeffer und Salz | 2 EL Pinienkerne

1 Melone von den Kernen und Fasern befreien, schälen und etwa 1 cm groß würfeln. Tomaten waschen und halbieren oder vierteln. Rucola von allen welken Blättern und den groben Stielen befreien, waschen und trockenschleudern. Auf Tellern auslegen. Tomaten und Melone mischen und darauf verteilen.

2 Den Gorgonzola würfeln und mit der Sahne fein pürieren. Essig und Öl unterrühren und die Sauce mit Pfeffer und vorsichtig mit Salz (der Käse ist salzig!) abschmecken. Die Sauce über Tomaten und Melone verteilen. Pinienkerne in einer trockenen Pfanne bei mittlerer Hitze unter Rühren goldgelb rösten. Auf den Salat streuen, gleich servieren.

Rote Beten mit Kreuzkümmel-Joghurt

winterlich | Für 4 Personen | 15 Min. Zubereitungszeit
Pro Portion ca. 85 kcal, 3 g EW, 5 g F, 8 g KH

2 Frühlingszwiebeln | 1/2 Bio-Limette oder -Zitrone
4 Zweige Petersilie | 150 g Joghurt | 1 EL Olivenöl
1 TL gemahlener Kreuzkümmel | 1 Prise rosenscharfes Paprikapulver | Salz und Pfeffer | 500 g gegarte Rote Beten (aus der Folie oder selbst gekocht)

1 Die Frühlingszwiebeln waschen, putzen und mit dem knackigen Grün fein hacken. Die Limetten- oder Zitronenhälfte heiß waschen und abtrocknen, Schale fein abreiben, Saft auspressen. Die Petersilie waschen, trocken schütteln und die Blättchen fein hacken.

2 Den Joghurt mit 1 EL Limetten- oder Zitronensaft und dem Olivenöl gründlich verrühren. Frühlingszwiebeln, Zitrusschale und Petersilie untermischen und das Dressing mit Kreuzkümmel, Paprika, Salz und Pfeffer abschmecken.

3 Die Roten Beten gegebenenfalls schälen, in knapp 1 cm große Würfel oder dünne Scheiben schneiden und mit der Sauce mischen. Eventuell auf Salatblättern – z. B. Feldsalat – anrichten. **Dazu passt Rollmops, Matjes oder Kasseler, jeweils mit dunklem Bauernbrot.**

Löwenzahnsalat mit Räucherfisch

vitaminreich | Für 4 Personen | 20 Min. Zubereitungszeit
Pro Portion ca. 405 kcal, 17 g EW, 32 g F, 5 g KH

150 g zarte junge Löwenzahnblätter (ersatzweise Feldsalat)
2 hart gekochte Eier | 2 Tomaten | 1 große (oder 2 kleinere) Avocado | 1/2 EL Zitronensaft | 2 EL Apfel- oder Weißweinessig
4 EL Olivenöl | Salz und Pfeffer | 200 g geräuchertes Fischfilet (z. B. Saibling)

1 Den Löwenzahn waschen. Falls er sehr bitter ist, 10–15 Min. in lauwarmes Wasser legen.

2 Die Eier schälen und halbieren. Eigelbe herauslösen und mit einer Gabel zerdrücken, Eiweiße fein würfeln. Die Tomaten waschen und klein würfeln. Die Avocado halbieren. Vom Kern befreien, schälen, würfeln und mit dem Zitronensaft mischen.

3 Eigelbe mit Essig und Olivenöl verrühren, mit Salz und Pfeffer abschmecken. Den Löwenzahn eventuell abtropfen lassen, mit Sauce, Avocado, Tomaten und Eiweißwürfeln mischen. Auf Tellern anrichten. Den Räucherfisch in Stücke zupfen und darauf verteilen.

sizilianisch-marokkanisch inspiriert
Für 4 Personen
20 Min. Zubereitungszeit
Pro Portion ca.
390 kcal, 9 g EW, 19 g F, 46 g KH

Couscoussalat
mit Fenchel und Orangen

- 200 g Instant-Couscous
- Salz
- 3 Fenchelknollen
- 5 EL Olivenöl
- Pfeffer
- 2 Orangen
- 1 rote Zwiebel
- 1/2 Bund Petersilie
- 4 EL Zitronensaft
- 100 g grüne entsteinte Oliven
- 1 TL Korianderpulver zum Bestreuen

1 Für den Couscous 1/4 l Wasser mit Salz zum Kochen bringen. Couscous in einer Schüssel mit dem Wasser mischen und quellen lassen.

2 Den Fenchel waschen und putzen. Zartes Grün waschen und beiseitelegen. Fenchel der Länge nach vierteln, vom Strunk befreien und quer in Streifen schneiden. In einer Pfanne 2 EL Öl erhitzen, den Fenchel darin bei mittlerer Hitze unter Rühren in etwa 5 Min. bissfest braten. Mit Salz und Pfeffer würzen.

3 Die Orangen so schälen, dass auch die weiße Haut entfernt wird. Orangenfilets zwischen den Häuten herausschneiden, Saft dabei auffangen. Die Zwiebel schälen, vierteln und in feine Streifen schneiden. Die Petersilie waschen, trocken schütteln und die Blätter fein hacken.

4 Orangensaft mit Zitronensaft und übrigem Öl verrühren, mit Couscous, Fenchel, Zwiebel, Petersilie und Oliven verrühren, salzen und pfeffern. Mit den Orangenfilets garnieren, mit Fenchelgrün bestreuen, mit Koriander bestäuben.

Pasta muss nicht immer heiß sein! Als Salat lässt sie sich super vorbereiten, erfrischt an heißen Tagen und harmoniert besonders gut mit Fisch.

Nudelsalat
mit Ölsardinen

auch zum Mitnehmen
Für 4 Personen
20 Min. Zubereitungszeit
Pro Portion ca.
635 kcal, 32 g EW, 29 g F, 61 g KH

- 300 g kurze Nudeln (z. B. Fusilli oder Casarecce)
- Salz
- 400 g Cocktailtomaten
- 2 Kugeln Mozzarella (250 g)
- 1 Bund Basilikum
- 4 getrocknete, in Öl eingelegte Tomaten
- 1 EL entsteinte Oliven (grün oder schwarz)
- 2 EL Aceto balsamico
- 4 EL Olivenöl
- Pfeffer
- 2 Dosen Ölsardinen (je etwa 75 g Abtropfgewicht)

1 Für die Nudeln reichlich Wasser zum Kochen bringen und salzen. Nudeln darin nach Packungsangabe al dente kochen, kurz kalt abschrecken und abtropfen lassen.

2 Die Cocktailtomaten waschen und je nach Größe halbieren oder vierteln. Den Mozzarella abtropfen lassen und würfeln. Die Basilikumblättchen abzupfen und grob hacken. Getrocknete Tomaten und Oliven abtropfen lassen und mit dem Basilikum, Balsamico und Olivenöl im Blitzhacker fein zerkleinern. Sauce mit Salz und Pfeffer abschmecken.

3 Nudeln, Tomaten, Mozzarella und Sauce mischen, abschmecken und in eine Schüssel füllen. Die Ölsardinen abtropfen lassen und darauf verteilen. Lauwarm oder ganz abgekühlt servieren.

Das geht auch Statt Tomaten blanchierte Endiviensalatstreifen und Paprika aus dem Glas nehmen und die Sardinen durch Streifen von italienischer Salami oder luftgetrocknetem Schinken ersetzen. Käse nach Belieben weglassen.

Partysalat für mehr Der Salat lässt sich sehr gut in einer größeren Menge zubereiten. Da er beim Stehen allerdings etwas trockener werden kann, vor dem Servieren gut durchrühren und dabei 1–2 EL frisches Olivenöl untermengen. Eventuell auch leicht nachwürzen.

Salat aus dem Vorrat
Nudeln, getrocknete Tomaten und Oliven kann man immer im Haus haben und daraus einen schnellen Salat zaubern. In diesem Fall die Sauce wie beschrieben zubereiten, aber zusätzlich mehr (etwa 100 g) getrocknete Tomaten in Streifen schneiden und mit ein paar EL Oliven unter den Salat heben. Für einen zusätzlichen Aromakick Pinienkerne trocken anrösten und vor dem Servieren aufstreuen. Und natürlich können Käse und Sardinen oder auch Thunfisch mit hinein.

Küchentipp: Nudeln abschrecken?
Normalerweise werden Nudeln nicht abgeschreckt, sondern gleich mit Sauce gemischt. Will man einen Salat daraus machen, ist das anders. Nudeln für einen lauwarmen Salat nur kurz abschrecken, damit sie nicht ganz auskühlen. Für einen Salat, den man kalt servieren will, sogar gründlich abschrecken. Dann wird der Garprozess komplett unterbrochen und die Nudeln saugen sich beim Stehen nicht so voll.

Kartoffelsalat
mit Wirsing

als Hauptgericht
Für 4 Personen
30 Min. Zubereitungszeit
Pro Portion ca.
365 kcal, 17 g EW, 19 g F, 30 g KH

- 800 g festkochende Kartoffeln
- 400 g Wirsing
- Salz
- 150 g durchwachsener Räucherspeck
- 2 Zwiebeln
- 1 TL Kümmelkörner
- 4 EL Weißweinessig
- 1/4 l Fleisch- oder Gemüsebrühe
- 2 TL mittelscharfer Senf
- Pfeffer
- 2 Frühlingszwiebeln (nur das Grün)

1 Die Kartoffeln in der Schale in Wasser zugedeckt weich, aber nicht zu weich kochen. Den Wirsing waschen, von den dicken Mittelrippen befreien und in breite Streifen schneiden. In einem Topf mit Salzwasser bedecken, aufkochen und zugedeckt bei mittlerer Hitze in etwa 3 Min. bissfest kochen.

2 Inzwischen den Speck von der Schwarte und den Knorpeln befreien und in kleine Würfel schneiden. Die Zwiebeln schälen und fein hacken. Den Speck in einem Topf bei mittlerer Hitze ausbraten und leicht bräunen, dabei immer wieder durchrühren. Zwiebeln und Kümmel bei schwacher Hitze noch etwa 5 Min. mitdünsten.

3 Essig, Brühe und Senf unter die Speckmischung rühren. Mit Salz und Pfeffer abschmecken. Das Grün der Frühlingszwiebeln waschen und in Ringe schneiden.

4 Den Wirsing abtropfen lassen. Die Kartoffeln abgießen, schälen und in etwa 1/2 cm dicke Scheiben schneiden. Kartoffeln und Wirsing locker mit dem Speckdressing mischen. Mit den Zwiebelringen bestreuen und lauwarm servieren. **Dazu passen Laugenbrötchen oder -brezeln, eventuell zusätzlich Bratwürste oder Hackpflänzchen reichen.**

Das geht auch Statt Wirsing kurz blanchierte Paprikastreifen oder frische Tomatenwürfel nehmen. Den Speck durch gekochten Schinken oder Räucherlachs in feinen Streifen ersetzen. Dann den Salat nicht mit Zwiebelringen, sondern mit frischem Basilikum garnieren.

Kartoffelsalat als Beilage Den Wirsing und den Speck weglassen. Zwiebeln mit der Brühe einmal aufkochen, mit Essig und Senf würzen und unter die frisch geschnittenen lauwarmen Kartoffelscheiben mischen. Wer mag, lässt den Salat jetzt abkühlen und hebt vor dem Servieren 1 kleine Salatgurke in dünnen Scheiben unter.

Küchentipp: Kartoffeln kochen fest, vorwiegend fest oder mehlig
Die einzelnen Kartoffelarten kennt heute keiner mehr und das ist auch nicht unbedingt nötig. Viel wichtiger sind die Kocheigenschaften der schmackhaften Knolle. Mehligkochende nimmt man für Klöße und Nockerl, kann sie aber auch fürs Püree wählen. Vorwiegend festkochende schmecken als Bratkartoffeln, Salzkartoffeln oder Pellkartoffeln, aber auch im Gratin, zu Puffern verarbeitet und sogar im Püree, das dann nicht ganz so cremig wird. Und die festkochenden sind nicht nur für den Salat obligatorisch, sondern schmecken auch als Brat-, Pell- oder Salzkartoffeln.

würzig kombiniert
Für 4 Personen
35 Min. Zubereitungszeit
Pro Portion ca.
575 kcal, 26 g EW, 46 g F, 13 g KH

- 1 Brathähnchen (fertig gekauft)
- 1 rosa Grapefruit
- 1 Orange
- 3 EL Zitronensaft
- Salz und Pfeffer
- 1 TL flüssiger Honig oder 2 TL Ahornsirup
- 6 EL Olivenöl
- 2 Kiwis
- 1 Chicorée
- 1 länglicher Radicchio
- 2 EL Kürbis- oder Pinienkerne

Hähnchensalat
mit Früchten und Radicchio

1 Das Hähnchen häuten und das Fleisch von den Knochen lösen, in mundgerechte Stücke teilen. Grapefruit und Orange so schälen, dass auch die weiße Haut entfernt wird. Die Fruchtfilets zwischen den Trennhäuten herausschneiden. Saft, der beim Filetieren ausläuft, in einer Schüssel auffangen. Zitronensaft mit Salz, Pfeffer und Honig unterrühren und das Öl unterschlagen. Filets einlegen.

2 Die Kiwis schälen, der Länge nach vierteln und quer in Scheiben schneiden. Chicorée und Radicchio putzen und waschen, Chicorée in etwa 1 cm breite Streifen schneiden, Radicchio in mundgerechte Stücke zupfen.

3 Hähnchenfleisch, Früchte und Salate mit der Sauce mischen und abschmecken. In einer Schüssel anrichten. Kürbis- oder Pinienkerne in einer trockenen Pfanne ohne Fett anrösten, auf den Salat streuen. **Dazu passt frisches Weißbrot.**

Das geht auch Für den asiatischen Touch gehackten Ingwer und etwas Chili unter die Marinade mischen, statt Radicchio und Chicorée Staudensellerie und Chinakohl nehmen und die Kiwis durch Ananas ersetzen.

Bunter Wurstsalat

vitaminreiche Brotzeit
Für 4 Personen
30 Min. Zubereitungszeit
Pro Portion ca.
430 kcal, 11 g EW, 29 g F, 4 g KH

- 1 gelbe Paprikaschote
- 1 kleine Gurke (etwa 100 g)
- 1 Bund Radieschen
- 1 milde weiße Zwiebel
- 400 g Fleischwurst, Leberkäse oder Regensburger
- 1 Bund Schnittlauch
- 1 Kästchen Gartenkresse
- 2 TL scharfer Senf
- 1 TL geriebener Meerrettich
- 3 EL Weißwein- oder Apfelessig
- Salz und Pfeffer
- 4 EL Rapsöl

1 Die Paprikaschote, die Gurke und die Radieschen waschen und putzen. Paprika vierteln und in feine Streifen schneiden. Gurke der Länge nach vierteln, quer in Scheiben schneiden. Radieschen in feine Scheiben schneiden. Die Zwiebel schälen, vierteln und in feine Streifen schneiden.

2 Die Wurst eventuell häuten, in dünne Scheiben oder in Streifen schneiden. Den Schnittlauch waschen, trocken schütteln und in Röllchen schneiden. Die Kresse vom Beet schneiden.

3 Senf und Meerrettich mit Essig, Salz und Pfeffer verrühren, das Öl unterschlagen. Alle Zutaten mit der Sauce mischen und abschmecken. Dazu passen Kornspitz, Laugenbrezeln oder Bauernbrot.

Das geht auch Statt Wurst können Sie auch mal Bratenreste oder Reste von gekochtem Fleisch verwenden. Einen italienischen Touch bekommt der Salat mit Basilikum statt Schnittlauch und mit hellem Balsamico und Olivenöl. Noch üppiger wird er, wenn Sie zusätzlich zur Wurst 200 g Emmentaler in kleinen Stücken oder Streifen untermischen.

Viele Vitamine, viel Geschmack – der köstliche Salat ist ideal für alle Sommertage, wenn das Gemüse so richtig viel Aroma zu bieten hat.

mediterraner Genuss
Für 4 Personen
30 Min. Zubereitungszeit
Pro Portion ca.
280 kcal, 14 g EW, 19 g F, 12 g KH

Gemüsesalat
mit weißen Bohnen

- 1 kleine Aubergine (etwa 200 g)
- 1 Zucchino
- 1 gelbe Paprikaschote
- 1 rote Zwiebel
- 4 Zweige Thymian
- 6 EL Olivenöl
- Salz und Pfeffer
- 150 g Cocktailtomaten
- 1 Dose weiße Bohnen (240 g Abtropfgewicht)
- 1 Dose Thunfisch im eigenen Saft (150 g Abtropfgewicht)
- 1/2 Bund Petersilie
- 2 EL Zitronensaft
- 1 EL Kapern nach Belieben

1 Das Gemüse waschen und putzen. Die Aubergine und den Zucchino in kleine Würfel schneiden. Die Paprika vierteln und in Streifen teilen. Die Zwiebel schälen, vierteln und in Streifen schneiden. Den Thymian waschen und trocken schütteln, die Blättchen von den Stielen streifen.

2 In einer Pfanne 2 EL Olivenöl erhitzen. Aubergine darin bei mittlerer Hitze unter Rühren etwa 5 Min. braten. Salzen, pfeffern und in eine Schüssel füllen. 1 EL Olivenöl erhitzen, Paprika, Zucchino und Zwiebel mit Thymian bei mittlerer Hitze in 3–4 Min. bissfest braten. Salzen, pfeffern und in die Schüssel geben.

3 Die Tomaten waschen und vierteln. Die Bohnen in einem Sieb kalt abspülen und abtropfen lassen. Den Thunfisch abgießen, abtropfen lassen und in Stücke zupfen. Petersilie waschen, trocken schütteln und die Blättchen fein hacken.

4 Zitronensaft mit 3 EL Öl gründlich verrühren, leicht salzen und pfeffern und unter die Salat-Mischung heben. Abschmecken und nach Belieben vor dem Servieren mit den Kapern bestreuen. **Dazu passt frisches Weißbrot, z. B. Ciabatta.**

Für zwei Die Aubergine weglassen und nur jeweils die Hälfte von Tomaten, Bohnen und Thunfisch verwenden. (Den übrigen Thunfisch am nächsten Tag in einem gemischten Salat verwenden.) Die restlichen Bohnen in eine Gemüsesuppe (etwa die von Seite 41) rühren oder mit Olivenöl zu einer Paste verarbeiten, mit Zitronensaft, Salz, Pfeffer und Kräutern verfeinern und als Brotaufstrich genießen.

Küchentipp: Bohnenkerne kochen
Dosenbohnen sind eine schnelle Alternative und enthalten noch genügend Nährstoffe. Allerdings sind sie oft sehr weich. Wer das nicht mag, kocht die Bohnen selber. Dafür die Kerne in einer Schüssel über Nacht in kaltem Wasser einweichen. Am nächsten Tag abgießen und mit frischem Wasser erhitzen. Lorbeer, Kräuter und eventuell Chili, aber kein Salz dazugeben und die Bohnen zugedeckt bei schwacher bis mittlerer Hitze kochen, bis sie weich, aber noch bissfest sind. Das dauert, je nach Alter der Bohnen, 1–2 Std., einfach zwischendurch probieren. Für den Salat brauchen Sie 125 g getrocknete Bohnenkerne. Es lohnt sich aber, gleich mehr zu kochen und übrige Bohnen einzufrieren.

Linsensalat
mit Räucherfisch

reicht für 2 als Hauptgericht
Für 4 Personen
15 Min. Zubereitungszeit
35–45 Min. Garzeit
Pro Portion ca.
300 kcal, 27 g EW, 5 g F, 27 g KH

200 g braune oder grüne Linsen
1 Zwiebel | 2 Knoblauchzehen
1 getrocknete Chilischote
2 Lorbeerblätter) | 1 TL Wacholderbeeren
3 EL Zitronensaft) | 1 EL körniger Senf
50 g saure Sahne (möglichst cremige)
Salz und Pfeffer
2 zarte Stangen Staudensellerie
250 g geräucherte Forellen- oder Saiblingsfilets
Basilikumblättchen zum Garnieren

1 Die Linsen in einen Topf geben. Zwiebel und Knoblauch schälen und halbieren, mit der angequetschten Chilischote, Lorbeer und Wacholderbeeren zu den Linsen geben, mit 1 l Wasser bedecken und alles zum Kochen bringen. Die Linsen zugedeckt bei mittlerer Hitze 35–45 Min. köcheln lassen, bis sie weich, aber noch bissfest sind. Abtropfen und abkühlen lassen.

2 Den Zitronensaft mit Senf und saurer Sahne gründlich verrühren, salzen und pfeffern. Den Sellerie waschen, putzen und in feine Scheiben schneiden. Zwiebel, Knoblauch, Chili, Lorbeer und Wacholder aus den Linsen entfernen. Linsen mit der Sauce und dem Sellerie mischen und abschmecken. Die Fischfilets eventuell häuten, von den Gräten befreien und in Stücke zupfen. Auf dem Salat anrichten oder locker unterheben, den Salat mit Basilikumblättchen bestreut servieren. **Dazu passt Weißbrot oder auch Cracker oder Grissini.**

Suppen

Geflügelleberspätzle

zitronenfrisch | Für 4 Personen | 30 Min. Zubereitungszeit
Pro Portion ca. 160 kcal, 11 g EW, 6 g F, 14 g KH

125 g Hühnerleber (ersatzweise Kalbsleber) | 1 Schalotte
1/4 Bio-Zitrone | 1/4 Bund Petersilie | 4 EL Milch | 1 Ei
1 TL Tomatenmark | 40 g Semmelbrösel | Salz und Pfeffer
1 l Gemüse- oder Hühnerbühe

1 Leber putzen und sehr fein hacken. Schalotte schälen und musig hacken. Zitrone waschen, abtrocknen, die Schale abreiben. Petersilie waschen, trocken schütteln, Blätter hacken. Alles mit Milch, Ei, Tomatenmark und Semmelbröseln mit einer Gabel gut mischen, mit Salz und Pfeffer abschmecken.

2 Die Brühe zum Kochen bringen. Die Masse durch den Spätzlehobel hineingeben und bei schwacher Hitze etwa 5 Min. ziehen lassen.

Lauch-Brätnockerl

fein gewürzt | Für 4 Personen | 25 Min. Zubereitungszeit
Pro Portion ca. 310 kcal, 7 g EW, 27 g F, 9 g KH

1 dünne Stange Lauch | 1/4 TL getrockneter Thymian
40 g Butter | 250 g Kalbsbrät (beim Metzger vorbestellen)
2 EL Semmelbrösel | Salz | geriebene Muskatnuss
1 Prise Nelkenpulver | 1 l Fleisch- oder Gemüsebrühe

1 Den Lauch putzen, waschen und sehr fein schneiden. Mit Thymian in 1 EL Butter bei schwacher Hitze etwa 5 Min. dünsten. Die übrige Butter cremig schlagen, Brät, Lauch und Semmelbrösel untermengen, mit Salz, Muskat und Nelkenpulver abschmecken.

2 Die Brühe zum Kochen bringen. Von der Masse mit zwei Teelöffeln Nocken abstechen und in die leise siedende Brühe geben. Darin in etwa 10 Min. gar ziehen lassen.

Kräuterpfannkuchen

gut vorzubereiten | Für 4 Personen | 30 Min. Zubereitungszeit
Pro Portion ca. 280 kcal, 9 g EW, 13 g F, 30 g KH

1/2 Bund gemischte Kräuter (z. B. Petersilie, Zitronenmelisse, Borretsch, Sauerampfer, Rucola und Schnittlauch) | 125 g Mehl 225 ml Milch | 2 Eier | Salz und Pfeffer | 2 EL Butterschmalz 1 l heiße Fleisch- oder Gemüsebrühe

1 Die Kräuter waschen, trocken schütteln und fein hacken. Das Mehl sieben, Milch und Eier nach und nach unterrühren. Teig mit Salz und Pfeffer würzen, die Kräuter untermischen.

2 Eine große Pfanne mit etwas Butterschmalz erhitzen und 1 Schöpfer Teig hineingeben. Durch Drehen verteilen, bei mittlerer Hitze backen, bis der Teig fest ist, wenden und kurz weiterbacken. Aus dem Teig weitere Pfannkuchen backen. Abkühlen lassen, aufrollen, in Streifen schneiden und in der heißen Brühe kurz erhitzen.

Ricottaklößchen mit Rucola

frisch und leicht | Für 4 Personen | 15 Min. Zubereitungszeit
Pro Portion ca. 120 kcal, 11 g EW, 11 g F, 15 g KH

1 Bund Rucola | Salz | 125 g Ricotta | 1 Ei | 50 g frisch geriebener Parmesan | 50 g Mehl | Pfeffer geriebene Muskatnuss | 1 l heiße Gemüsebrühe

1 Den Rucola verlesen, waschen und in kochendem Salzwasser in etwa 1 Min. zusammenfallen lassen. Kalt abschrecken, gut ausdrücken und fein hacken.

2 Den Ricotta mit Ei, Käse, Mehl und Rucola verrühren und mit Salz, Pfeffer und Muskat abschmecken. Salzwasser zum Kochen bringen. Aus der Masse mit zwei Teelöffeln Klößchen abstechen, im leise siedenden Wasser bei mittlerer Hitze in 6–8 Min. gar ziehen lassen. Die Klößchen herausheben und in heißer Gemüsebrühe, z. B. mit ein paar frischen Tomatenwürfeln, servieren.

Fleischbrühe

Grundrezept
Für 4 Personen
20 Min. Zubereitungszeit
2 Std. Garzeit
Pro Portion ca. 90 kcal, 7 g EW, 6 g F, 2 g KH

250 g Fleischknochen vom Rind
500 g Rindfleisch zum Kochen (z. B. Brust, Schulter, Wade)
1 Möhre
1/4 Knollensellerie
1 Stange Lauch
1 Zwiebel
1–2 Zweige Liebstöckel nach Belieben
1/2 Bund Petersilie
1 TL schwarze Pfefferkörner
1 TL Wacholderbeeren
2 Gewürznelken
Salz

1 Die Knochen und das Fleisch kurz kalt abspülen, in einen Topf legen. Möhre und Sellerie schälen, Lauch waschen und putzen, Zwiebel mit der Schale waschen. Gemüse und Zwiebel grob schneiden. Die Kräuter waschen.

2 Gemüse, Zwiebel, Gewürze und Kräuter zum Fleisch geben. Etwa 2 l kaltes Wasser dazugeben und zum Kochen bringen. Alles leicht salzen und bei halb aufgelegtem Deckel (Kochlöffel dazwischenklemmen) etwa 2 Std. leise köcheln lassen.

3 Die Brühe durch ein Sieb gießen und abschmecken. Wer sie entfetten will, lässt sie abkühlen und hebt das erstarrte Fett ab. Dann die Brühe wieder erhitzen.

Varianten

Hühnerbrühe 1 kleineres Brathähnchen oder 1 Suppenhuhn mit dem Gemüse, den Gewürzen und den Kräutern wie beschrieben kochen. Die Garzeit beträgt 1 1/2 Std.

Gemüsebrühe Insgesamt 1 kg Möhren, Knollensellerie oder Petersilienwurzeln, Staudensellerie und Lauch waschen, putzen und grob schneiden. Mit 2 halbierten Tomaten, 20 g getrockneten Steinpilzen, 2 geschälten Knoblauchzehen und 2 Lorbeerblättern in einen Topf geben. Mit 2 l Wasser bedecken, salzen, pfeffern und zum Kochen bringen. Etwa 45 Min. köcheln lassen, dann durch ein Sieb gießen und abschmecken.

Blitzbrühe aus Hackfleisch 1 dicke Möhre, 1 Stange Staudensellerie, 1 Zwiebel und 2 Knoblauchzehen schälen oder waschen, im Blitzhacker oder in der Küchenmaschine fein zerkleinern. Mit 500 g Rinderhackfleisch, 2 Lorbeerblättern und 1 TL Wacholderbeeren in einem Topf mit 1 1/2 l Wasser zum Kochen bringen und 20 Min. köcheln lassen. Durch ein Sieb gießen und abschmecken.

Das Fleisch zu Salat verarbeiten

Rindfleischsalat 2 dicke Möhren und 2 Stangen Staudensellerie schälen bzw. waschen und in feine Stifte schneiden. Das abgekühlte Suppenfleisch in dünne Scheiben schneiden. Gemüse und Fleisch mit 2 EL hellem Essig und 4 EL Kürbiskernöl mischen und mit Salz und Pfeffer abschmecken. Mit Bratkartoffeln essen.

Hähnchensalat Das Fleisch entweder für den Salat auf Seite 28 verwenden.
Oder: 500 g Spinat waschen und in Streifen schneiden. In wenig kochendem Salzwasser zusammenfallen lassen. Kalt abschrecken und abtropfen lassen. 250 g Cocktailtomaten waschen und halbieren, mit der abgeriebenen Schale und dem Saft von 1/2 Bio-Zitrone, 6 EL Olivenöl, dem Spinat und dem gehäuteten und in Streifen gezupften Hühnerfleisch mischen. Mit Salz und Pfeffer abschmecken.

Nudelsauce aus Hackfleisch Das Hackfleisch und das Gemüse (Lorbeer und Wacholder entfernen) mit 1 kleinen Dose gehackten Tomaten (400 g) aufkochen und mit Salz und Chili abschmecken. Vor dem Servieren mit frisch geschnittenem Basilikum verfeinern. Zu Spaghetti oder kurzen Nudeln mit geriebenem Parmesan servieren.

Schnell gemacht und angenehm sättigend – eine Kartoffelsuppe mit buntem Gemüse sorgt nicht nur im Alltag für Energie und neuen Schwung.

vegetarisch
Für 4 Personen
30 Min. Zubereitungszeit
Pro Portion ca.
185 kcal, 5 g EW, 6 g F, 26 g KH

Kartoffelsuppe
mit buntem Gemüse

400 g festkochende Kartoffeln
1 Möhre
1 Fenchelknolle
1 Stange Staudensellerie
1 dünne Stange Lauch
2 Knoblauchzehen
1 EL Butter
1 l Gemüsebrühe
100 g TK-Erbsen
1/2 Bund Schnittlauch
2 EL Crème fraîche
Salz und Pfeffer

1 Die Kartoffeln und die Möhre schälen, waschen oder putzen und in kleine Würfel schneiden. Den Fenchel waschen, putzen und der Länge nach vierteln, vom Strunk befreien und ebenfalls würfeln. Zartes Grün beiseitelegen. Sellerie und Lauch waschen, putzen und klein würfeln. Knoblauch schälen, fein hacken.

2 Die Butter im Suppentopf zerlassen. Das Gemüse und den Knoblauch darin andünsten. Mit der Brühe aufgießen und zum Kochen bringen. Zugedeckt bei schwacher Hitze 8 Min. garen. Dann die Erbsen unterrühren und die Suppe noch etwa 3 Min. kochen, bis die Kartoffeln weich sind.

3 Den Schnittlauch waschen, trocken schütteln und in feine Röllchen schneiden. Das Fenchelgrün hacken. Die Crème fraîche unter die Suppe rühren, die Suppe mit Salz und Pfeffer abschmecken und mit dem Schnittlauch und Fenchelgrün bestreut servieren.

Reissuppe
mit Zucchini und Feta

mild-würzig
Für 4 Personen
35 Min. Zubereitungszeit
Pro Portion ca.
390 kcal, 9 g EW, 21 g F, 39 g KH

2 junge Zucchini
1 rote Paprikaschote
1 Zwiebel | 2 Knoblauchzehen
2 Zweige Thymian
2 EL Olivenöl
150 g Langkornreis
1 l Gemüsebrühe
2 TL Tomatenmark
100 g Sahne | Salz und Pfeffer
1 TL edelsüßes Paprikapulver
100 g Feta

1 Die Zucchini und die Paprika waschen, putzen und in kleine Würfel schneiden. Die Zwiebel und den Knoblauch schälen und fein würfeln. Den Thymian waschen, trocken schütteln und die Blättchen von den Stielen streifen.

2 Das Öl im Suppentopf erhitzen. Zwiebel, Knoblauch und Thymian darin andünsten. Zucchini und Paprika kurz mitgaren. Den Reis unterrühren, die Brühe dazugießen und erhitzen. Das Tomatenmark untermischen und die Suppe zugedeckt bei schwacher Hitze etwa 20 Min. köcheln, bis der Reis bissfest ist.

3 Die Sahne untermischen, die Suppe mit Salz, Pfeffer und Paprika abschmecken. Den Feta in kleine Würfel krümeln und vor dem Servieren auf die Suppe streuen. **Dazu passt Fladenbrot mit Sesam (am besten kurz aufgebacken).**

Blumenkohlcreme
mit Nussbröseln

vitaminreich und leicht
Für 4 Personen
25 Min. Zubereitungszeit
Pro Portion ca.
345 kcal, 7 g EW, 26 g F, 18 g KH

- 1/2 Blumenkohl (etwa 650 g)
- 3 EL Butter
- 1 1/2 EL Mehl, z. B. Vollkorndinkel
- 1 l Gemüsebrühe
- 50 g Haselnusskerne
- 2 Scheiben Toastbrot
- 1/2 Bio-Zitrone
- Salz
- 150 g Schmand oder Crème fraîche
- geriebene Muskatnuss
- gemahlene Gewürznelken
- 1/2 Bund Schnittlauch

1 Den Blumenkohl waschen und in die einzelnen Röschen teilen. 1 1/2 EL Butter im Suppentopf erwärmen, den Blumenkohl darin andünsten. Das Mehl darüberstreuen und 1–2 Min. weiterbraten. Die Brühe angießen und zum Kochen bringen. Die Suppe zugedeckt bei schwacher Hitze 12–15 Min. köcheln lassen, bis der Blumenkohl weich ist.

2 Inzwischen die Haselnüsse fein reiben, das Toastbrot von der Rinde befreien und in kleine Stücke krümeln. Die Zitronenhälfte waschen und abtrocknen, die Schale fein abreiben. 1 1/2 EL Butter in einer Pfanne zerlassen, Nüsse und Brotkrümel darin unter Rühren bei schwacher bis mittlerer Hitze anrösten. Leicht salzen, Zitronenschale zugeben, die Brösel warm halten.

3 Die Blumenkohlsuppe im Topf pürieren, den Schmand kräftig unterschlagen und die Suppe mit Salz, Muskat und 1 Prise Nelkenpulver würzen, eventuell mit etwas Zitronensaft abschmecken.

4 Den Schnittlauch waschen und trocken schütteln, in feine Röllchen schneiden. Die Suppe in vorgewärmte Suppenteller füllen, mit Brotkrümeln und Schnittlauch bestreut servieren.

Küchentipp: Suppen binden

Für eine cremige Konsistenz sorgen neben Mehl auch Kartoffeln oder Brot: 1 mittelgroße mehligkochende Kartoffel oder 1 Scheibe Brot zerkleinern und mit dem Gemüse garen.
Eine Kartoffelsuppe braucht keine zusätzliche Bindung, und manche Gemüse wie Möhren oder Kürbis machen die Suppe von Haus aus schön cremig.
Wer eine Suppe anreichern will, kann sie vor dem Servieren legieren. Dazu 2 frische Eigelbe mit 100 g Sahne verquirlen und unter die heiße, aber nicht kochende Suppe schlagen. Sie wird dadurch ebenfalls schön sämig.

Suppendeko Zum Anrichten der Suppe ein paar Blumenkohlröschen in dünne Scheiben schneiden. In je 1/2 EL Butter und Öl appetitlich braun braten und auf die Suppe legen.

Das geht auch Blumenkohl durch Brokkoli oder Wirsing ersetzen, statt Haselnusskernen auch mal Walnusskerne nehmen. Ebenfalls fein schmecken Möhren, Knollensellerie oder rote Bete als Cremesuppe.

Variante: Würzige Rote-Bete-Suppe

1 Bund Frühlingszwiebeln waschen und putzen, das Grün in Ringe schneiden, die Zwiebeln fein hacken. 1 Kartoffel schälen, fein raspeln. 1/4 Bund Koriandergrün waschen, die Blättchen abzupfen. Einen Teil beiseitelegen, den Rest fein hacken. Gehackte Zwiebeln und Koriander mit der Kartoffel in 1 EL Öl andünsten. 400 g gegarte Rote Beten (Fertigprodukt) klein gewürfelt dazugeben, mit 1 l Brühe aufgießen und offen etwa 10 Min. köcheln lassen. Die Suppe pürieren, 100 g Sahne untermischen, salzen und pfeffern. 3 Scheiben Toastbrot entrinden, würfeln und in 2 EL Butter rundherum knusprig braten, mit Salz und 1 TL gemahlenem Koriander abschmecken. Suppe mit Zwiebelgrün, Koriander und Brotwürfeln bestreut servieren.

3x Suppen zum Sattessen

Polentasuppe mit Kräutern und Kohlrabi

Linsen-Apfel-Suppe

Gemüsesuppe mit Kasseler und Senf

Polentasuppe mit Kräutern und Kohlrabi

Einfach, preiswert, gut | Für 4 Personen
20 Min. Zubereitungszeit
Pro Portion ca. 235 kcal, 3 g EW, 14 g F, 23 g KH

1 Knoblauchzehe | 1 kleine Zwiebel oder Schalotte
1 kleine Möhre | 3 EL Butter | 80 g Instant-Polenta
1 l Gemüsebrühe | 1 Kohlrabi | Salz | 1/2 Bund gemischte Kräuter | 4 EL Sahne | Pfeffer | geriebene Muskatnuss

1 Knoblauch, Zwiebel und Möhre schälen und im Blitzhacker sehr fein zerkleinern. In einem Topf 1 1/2 EL Butter zerlassen, die Polenta darin unter Rühren anrösten. Die Möhrenmischung kurz mitdünsten, die Brühe angießen. Gut verrühren, aufkochen und zugedeckt bei schwacher Hitze etwa 10 Min. köcheln lassen.

2 Inzwischen den Kohlrabi schälen und erst in Scheiben, dann in feine Stifte schneiden. 1 1/2 EL Butter bei schwacher Hitze zerlassen, die Kohlrabistifte darin unter Rühren in 3–4 Min. bissfest und leicht braun braten. Leicht salzen.

3 Die Kräuter waschen, trocken schütteln und die Blättchen fein hacken. Mit der Sahne unter die Suppe mischen. Die Suppe mit Salz, Pfeffer und Muskat abschmecken und in Teller verteilen, mit den Kohlrabistiften garnieren.

Gemüsesuppe mit Kasseler und Senf

würzig aromatisch | Für 4 Personen
20 Min. Zubereitungszeit
Pro Portion ca. 305 kcal, 16 g EW, 19 g F, 16 g KH

1 l Gemüsebrühe | 450 g gemischtes TK-Suppengemüse
1/2 TL getrockneter Thymian | 1 feste Birne | 250 g gekochtes Kasseler ohne Knochen | 2 EL mittelscharfer Senf
50 g Crème fraîche | Salz | 1/2 Bund Schnittlauch

1 Die Gemüsebrühe zum Kochen bringen. Das Gemüse mit dem Thymian darin zugedeckt bei schwacher Hitze etwa 5 Min. garen.

2 Inzwischen die Birne vierteln, schälen und vom Kerngehäuse befreien. Quer in knapp 1 cm dicke Scheiben schneiden. Das Kasseler in Streifen schneiden.

3 Senf und Crème fraîche unter die Suppe rühren, mit Salz abschmecken. Birne und Kasseler etwa 5 Min. darin ziehen lassen. Den Schnittlauch waschen, trocken schütteln und in Röllchen schneiden. Vor dem Servieren auf die Suppe streuen.

Linsen-Apfel-Suppe

fruchtig und leicht scharf | Für 4 Personen
25 Min. Zubereitungszeit
Pro Portion ca. 250 kcal, 9 g EW, 8 g F, 34 g KH

1 Schalotte | 2 Knoblauchzehen | 1 getrocknete Chilischote
2 säuerliche Äpfel | 2 Zweige Oregano | 2 EL Butter
2 TL Puderzucker | 150 g rote Linsen | 1 l Gemüsebrühe
Salz und Pfeffer | 1/4 TL gemahlener Kümmel
3–4 TL Zitronensaft | 1/2 Kästchen Gartenkresse

1 Die Schalotte und den Knoblauch schälen und mit der Chilischote klein würfeln. Die Äpfel vierteln, schälen, vom Kerngehäuse befreien und in dünne Scheiben schneiden. Den Oregano waschen, trocken schütteln und die Blättchen fein hacken.

2 Die Butter zerlassen. Schalotte mit Knoblauch, Chili und Oregano darin andünsten. Äpfel dazugeben und andünsten. Mit dem Zucker bestreuen und unter Rühren bei starker Hitze leicht braun werden lassen.

3 Die Linsen gut unterrühren, dann die Brühe zugießen. Die Suppe zugedeckt bei mittlerer Hitze etwa 10 Min. köcheln lassen, bis die Linsen schön weich sind. Die Suppe nach Geschmack fein pürieren und mit Salz und Pfeffer, Kümmel und Zitronensaft abschmecken. Vor dem Servieren die Kresse vom Beet schneiden und aufstreuen.

Für Festtage Eine Sonntagssuppe erhalten Sie, wenn Sie Garnelen in Öl oder Butter sanft braten und zum Schluss auf die Suppe geben.

macht angenehm satt
Für 4 Personen
35 Min. Zubereitungszeit
Pro Portion ca.
400 kcal, 18 g EW, 25 g F, 26 g KH

- 600 g festkochende Kartoffeln
- 1 Kohlrabi
- 1 dicke Stange Lauch
- je 1 rote und gelbe Paprikaschote
- 2 Tomaten
- 2 Knoblauchzehen
- 2 EL Olivenöl
- 250 g gemischtes Hackfleisch oder Rinderhackfleisch
- 1/2 TL getrockneter Thymian
- 1/4 l Gemüse- oder Fleischbrühe
- Salz
- 1 TL edelsüßes Paprikapulver
- 1/2 TL Chilipulver nach Belieben
- 50 g Crème fraîche

Gemüsetopf

mit Kartoffeln und Hack

1 Die Kartoffeln schälen, waschen und gut 1 cm groß würfeln. Den Kohlrabi schälen und ebenfalls würfeln. Den Lauch putzen, längs aufschneiden und gründlich waschen. In etwa 1 cm breite Streifen schneiden. Die Paprika waschen, halbieren, putzen und in knapp 1 cm breite Streifen schneiden. Die Tomaten waschen und sehr klein würfeln. Den Knoblauch schälen und in dünne Scheiben schneiden.

2 Das Öl in einem Topf erhitzen. Hackfleisch mit Knoblauch und Thymian darin krümelig braten. Kartoffeln, Kohlrabi, Lauch und Paprika dazugeben, mit der Brühe ablöschen und mit Salz, Paprika und eventuell Chili abschmecken. Das Gemüse bei schwacher Hitze zugedeckt etwa 10 Min. schmoren, bis die Kartoffeln fast weich sind.

3 Tomaten und Crème fraîche unterrühren und alles weitere 5 Min. zugedeckt garen. Abschmecken und servieren.

Das geht auch Für eine Wintervariante statt Kohlrabi und Paprika Rosenkohl (in Vierteln) und Knollensellerie (in Würfeln) nehmen.

Eine ungewohnte, tolle Kombination! Sie schmeckt angenehm würzig und ist alles andere als deftig. Dazu hat der Eintopf eine ganze Menge Vitamine zu bieten.

Sauerkrauttopf
mit Paprika und Lachs

säuerlich-frisch
Für 4 Personen
30 Min. Zubereitungszeit
Pro Portion ca.
480 kcal, 29 g EW, 34 g F, 16 g KH

- 1 mehligkochende Kartoffel (etwa 150 g)
- 1 mitteldicke Stange Lauch
- 1 rote Paprikaschote
- 2 EL Butter
- 500 g gegartes Sauerkraut (Dose oder Beutel)
- 1/8 l Gemüsebrühe
- 500 g nicht zu fettes Lachsfilet
- Salz und Pfeffer
- 150 g Sahne
- je 1 TL rosenscharfes und edelsüßes Paprikapulver
- Zucker nach Bedarf

1 Die Kartoffel schälen, waschen und fein raspeln. Den Lauch und die Paprika waschen und putzen, in feine Streifen schneiden.

2 Die Butter in einem Topf zerlassen. Kartoffel, Lauch und Paprika darin kurz andünsten. Das Sauerkraut mit der Brühe dazugeben und alles zugedeckt bei schwacher Hitze etwa 10 Min. garen, bis das Gemüse weich ist.

3 Inzwischen den Lachs in mundgerechte Würfel schneiden und leicht salzen und pfeffern.

4 Die Sahne unter das Sauerkraut mischen und das Gemüse mit Salz und Pfeffer, beiden Paprikasorten und bei Bedarf 1 Prise Zucker abschmecken. Den Lachs auf das Kraut legen und zugedeckt in etwa 5 Min. gar ziehen lassen. Ganz vorsichtig unterheben und in vorgewärmten tiefen Tellern servieren. **Dazu passt Vollkornbaguette oder Kornspitz.**

Das geht auch Statt Lachs Kasselerwürfel im Kraut erwärmen oder Nürnberger Bratwürste in Stücke schneiden, in einer Pfanne ohne Fett braten und unterheben.

Küchentipp: Sauerkraut garen
Wer frisches Sauerkraut kauft, gart es so: 1 Zwiebel und eventuell 1 säuerlichen Apfel schälen, klein würfeln und in Butter andünsten. Frisches Sauerkraut dazugeben und mit etwa 1/4 l Brühe, Apfelsaft oder Cidre (bzw. einer Mischung daraus) aufgießen. Salzen und pfeffern und zugedeckt bei schwacher Hitze etwa 45 Min. garen. Dann das übrige Gemüse in Butter andünsten und untermischen. Ab jetzt geht es weiter wie im Rezept beschrieben.

Linseneintopf
mit Knusperspeck

Klassiker in neuer Form
Für 4 Personen
20 Min. Zubereitungszeit
50 Min. Garzeit
Pro Portion ca.
600 kcal, 30 g EW, 30 g F, 52 g KH

1 Zwiebel
1 große Möhre
1/2 Bund Bohnenkraut (ersatzweise
1/4 Bund Thymian)
1 EL Öl
250 g braune oder grüne Linsen
250 g grüne Bohnen
400 g festkochende Kartoffeln
150 g Räucherspeckwürfel
(geschnitten gekauft oder selber gewürfelt)
100 g Sahne oder Crème fraîche
1 TL scharfer Senf
1/2 EL körniger Senf
Salz

Küchentipp: Linsen einweichen?

Linsen – egal, ob grün, braun oder fast schwarz – haben im Gegensatz zu anderen Hülsenfrüchten eine relativ kurze Garzeit und müssen deshalb nicht über Nacht in Wasser quellen. Wer es dennoch machen will, kann etwa 10 Min. Garzeit einsparen. Rote Linsen sind geschält und ganz ohne langes Einweichen schon nach 10–15 Min. fertig gegart.

1 Die Zwiebel und die Möhre schälen und in kleine Würfel schneiden. Das Bohnenkraut waschen, trocken schütteln und die Blättchen von den Stielen zupfen.

2 Das Öl in einem Topf erhitzen, Zwiebel und Möhre darin mit dem Bohnenkraut andünsten. Die Linsen dazugeben, mit 1 l Wasser aufgießen und zum Kochen bringen. Linsen zugedeckt bei schwacher Hitze etwa 30 Min. garen.

3 Inzwischen die Bohnen waschen, von den Enden und eventuell den Fäden befreien und in 2–3 cm lange Stücke schneiden. Die Kartoffeln schälen, waschen und in etwa 2 cm große Würfel schneiden. Beides zu den Linsen geben und alles zugedeckt noch einmal etwa 20 Min. garen, bis die Kartoffeln weich und die Bohnen und Linsen bissfest sind.

4 Inzwischen die Speckwürfel in einer kleinen Pfanne bei mittlerer bis schwacher Hitze knusprig ausbraten. Dabei zwischendurch umrühren.

5 Die Sahne und beide Senfsorten unter die Linsen rühren, den Eintopf mit Salz abschmecken und vor dem Servieren mit den Speckwürfeln samt Speckfett garnieren.

Varianten

Linsen indisch Die Möhre und den Speck weglassen. Mit der Zwiebel 2 cm frischen gehackten Ingwer, 2 gehackte Knoblauchzehen sowie Ringe von 1 Chilischote andünsten. Mit den Linsen garen. Statt der Bohnen 1 Aubergine würfeln, in Öl anbraten und mit den Kartoffeln dazugeben. Statt Senf 1 EL Currypulver mit der Sahne untermischen.

Linsen italienisch 1 gewürfelte Zwiebel und Knoblauch mit Salbei, Rosmarin und Thymian anbraten. 250 g Linsen dazugeben, mit 1/8 l trockenem Rotwein ablöschen, mit 1 l Wasser garen. 600 g Zucchini- und Paprikastücke sowie Cocktailtomaten untermischen. 150 g Salsicciastücke in einer Pfanne braten. Den Linseneintopf mit Balsamico abschmecken, mit den Salsicciastücken mischen und mit frischem Basilikum bestreuen.

Für mehr Für 8 Personen die Zutaten einfach verdoppeln. Damit der Eintopf auch in der großen Menge noch schön aussieht, Linsen mit Zwiebeln und Möhren bissfest garen. Kartoffeln und grüne Bohnen extra in Salzwasser kochen und zum Schluss mit Senf und Crème fraiche unter die Linsen rühren.

Der **Klassiker** aus Bohnen und (Hack)Fleisch schmeckt mit **viel Gemüse** nochmal so gut – und ist dabei viel besser bekömmlich!

auch ohne Fleisch ein Hit

Für 4 Personen

25 Min. Zubereitungszeit

Pro Portion ca.

490 kcal, 14 g EW, 21 g F, 62 g KH

- 2 größere Zwiebeln
- je 1 große rote, grüne und gelbe Paprikaschote
- 4 getrocknete Chilischoten
- 2 EL Olivenöl
- 1 TL getrockneter Thymian
- 200 ml Gemüsebrühe
- 1 EL Tomatenmark
- 2 Dosen gegarte Kidneybohnen (je etwa 250 g Abtropfgewicht)
- Salz und Zucker
- 1/2 Bund Petersilie
- 4 Knoblauchzehen
- 50 g weiche Butter
- 1/2 Baguette
- 100 g saure Sahne

Chilibohnen

mit Knoblauchbrot

1 Den Backofen auf 225° (Umluft 200°) vorheizen. Die Zwiebeln schälen, halbieren und in Streifen schneiden. Die Paprikaschoten waschen, vierteln, putzen und ebenfalls in Streifen schneiden. Chilischoten zerkrümeln.

2 Das Öl in einem Topf erhitzen. Zwiebeln und Paprika darin mit dem zerrebelten Thymian und den Chilis andünsten. Mit der Brühe aufgießen und das Tomatenmark untermischen. Das Gemüse zugedeckt bei schwacher Hitze etwa 5 Min. schmoren.

3 Inzwischen die Bohnen in einem Sieb kalt abspülen und abtropfen lassen. Unter das Gemüse mischen, mit Salz und 1 Prise Zucker abschmecken und nochmals etwa 5 Min. garen.

4 Währenddessen Petersilie waschen und trockenschütteln, die Blätter abzupfen. Knoblauch schälen und mit der Petersilie sehr fein hacken. Mit etwas Salz unter die Butter mischen. Baguette längs aufschneiden, quer halbieren. Mit der Knoblauchbutter bestreichen und im Ofen (Mitte) etwa 5 Min. aufbacken.

5 Das Chili abschmecken, in Teller verteilen und mit je 1 Klecks saurer Sahne garnieren. Knoblauchbrot dazu servieren.

Lammtopf
mit Kichererbsen und Spinat

würzig
Für 4 Personen
45 Min. Zubereitungszeit
Pro Portion ca.
460 kcal, 38 g EW, 22 g F, 28 g KH

250 g TK-Blattspinat
Salz
2 Dosen gegarte Kichererbsen
(Je etwa 240 g Abtropfgewicht)
500 g Lammfilet
1/2 Bio-Zitrone
2 Knoblauchzehen
2 Frühlingszwiebeln
1/2 Bund Petersilie
4 EL Olivenöl
100 g Feta
Pfeffer

1 Den Blattspinat nach Packungsangabe in Salzwasser bissfest garen und abtropfen lassen.

2 Die Kichererbsen in ein Sieb geben, kalt abspülen und abtropfen lassen. Lammfilet von den Sehnen befreien und in dünne Scheiben schneiden. Die Zitrone waschen und abtrocknen, die Schale dünn abschneiden und fein hacken. Den Knoblauch schälen, die Frühlingszwiebeln waschen und putzen, Die Petersilie waschen, trocken schütteln und die Blättchen abzupfen. Knoblauch, Zwiebeln und Petersilie sehr fein hacken.

3 Das Öl in einer Pfanne erhitzen, das Fleisch darin in zwei Portionen gut anbraten und wieder herausnehmen. Knoblauchmischung im Bratfett andünsten, dann Kichererbsen und abgetropften Spinat dazugeben und gut erwärmen.

4 Den Feta in Krümel teilen. Das Fleisch unter die Kichererbsen mischen und heiß werden lassen. Mit Salz und Pfeffer abschmecken und mit dem Feta und der Zitronenschale bestreut servieren.

Das geht auch Statt Lamm Rinder- oder Kalbsfilet nehmen. Ebenfalls fein: Hähnchenbrust in Streifen.

Reis, Nudeln & Co.

Kräuter-Zitronen-Reis

erfrischend | Für 4 Personen | 25 Min. Zubereitungszeit
Pro Portion ca. 255 kcal, 5 g EW, 5 g F, 49 g KH

1 Schalotte | je 1 Zweig Thymian, Rosmarin und Oregano
2 Salbeiblättchen | 2 EL Butter | 250 g Langkornreis
Salz | 1/2 Bio-Zitrone

1 Die Schalotte schälen und klein würfeln. Die Kräuter waschen, trocken schütteln und die Blättchen fein hacken. Schalotte mit Kräutern in 1 EL Butter andünsten. Den Reis unterrühren. Mit 1/2 l Wasser aufgießen und zum Kochen bringen. Reis salzen und zugedeckt bei sehr schwacher Hitze in 15–20 Min. körnig ausquellen lassen.

2 Die Zitrone heiß waschen und abtrocknen, die Schale fein abreiben und mit der übrigen Butter in kleinen Würfeln unter den fertigen Reis ziehen.
Abschmecken und servieren.

Tomatencouscous mit Gewürzbutter

orientalisch | Für 4 Personen | 15 Min. Zubereitungszeit
Pro Portion ca. 320 kcal, 7 g EW, 11 g F, 48 g KH

2 Knoblauchzehen | 2 Tomaten | 1 EL Olivenöl | 250 g Instant-Couscous | 300 ml Gemüsebrühe | Salz | 3 EL Butter
3 TL Ras-el-hanout (marokkanische Gewürzmischung; Gewürz- oder Asienladen) | 2 TL rosenscharfes Paprikapulver

1 Knoblauch schälen und in feine Scheiben schneiden. Tomaten waschen und sehr klein würfeln. Knoblauch im Öl glasig dünsten. Couscous mitbraten, bis alle Körner vom Fett überzogen sind. Tomaten untermischen, Brühe dazugießen und salzen. Zugedeckt bei schwacher Hitze 5 Min. quellen lassen.

2 Butter bei schwacher Hitze zerlassen, aber nicht bräunen. Gewürze unterrühren. Couscous in einer Schüssel anrichten, die Butter darüberträufeln und den Couscous servieren.

Pilz-Käse-Polenta

aromatisch | Für 4 Personen | 30 Min. Quellzeit
15 Min. Zubereitungszeit
Pro Portion ca. 530 kcal, 23 g EW, 23 g F, 57 g KH

30 g getrocknete Steinpilze | 1 Bund Frühlingszwiebeln
2 EL Butter | 250 g Instant-Polenta | 3/4 l Milch
150 g Taleggio, Fontina oder Gorgonzola | Salz und Pfeffer

1 Die Pilze in 1/2 l lauwarmem Wasser 30 Min. quellen lassen. Dann klein schneiden. Das Einweichwasser durch eine Kaffeefiltertüte gießen. Die Frühlingszwiebeln waschen, putzen und mit dem Grün in feine Ringe schneiden. Etwas Grün beiseitelegen.

2 Pilze und Zwiebelringe in der Butter andünsten. Die Polenta mit Pilzwasser und Milch dazugießen, zugedeckt bei schwacher Hitze in etwa 5 Min. ausquellen lassen. Den Käse in kleine Würfel schneiden. Unter die Polenta mischen und kurz ziehen lassen. Mit Salz und Pfeffer abschmecken, mit den übrigen Zwiebelringen bestreuen.

Möhren-Curry-Ebly

würzig | Für 4 Personen | 20 Min. Zubereitungszeit
Pro Portion ca. 285 kcal, 8 g EW, 6 g F, 50 g KH

Salz | 2 Kochbeutel Ebly-Weizen (250 g, gut sortierter Supermarkt) | 250 g Möhren | 1 Schalotte | 2 EL Butter
2 TL Currypulver | 100 ml Gemüsebrühe | 1 TL Ahornsirup
Pfeffer | 2 Zweige Zitronenmelisse

1 Reichlich Wasser mit Salz zum Kochen bringen. Den Ebly darin nach Packungsangabe etwa 10 Min. kochen. Inzwischen Möhren und Schalotte schälen und klein schneiden. Beides in 1 EL Butter anschwitzen. Currypulver kurz mitbraten. Mit der Brühe aufgießen, mit Ahornsirup, Salz und Pfeffer abschmecken und zugedeckt bei schwacher Hitze in etwa 8 Min. bissfest dünsten.

2 Den Ebly abtropfen lassen und aus dem Kochbeutel nehmen. Die Melisse waschen und fein hacken. 1 EL Butter klein würfeln, mit Möhren und Melisse unter den Ebly rühren und abschmecken.

Die **Schnitten** sind mit Salat oder Gemüse wie Blattspinat ein **komplettes Essen**, ber auch eine tolle Beilage zu Braten und Ragouts.

machen kaum Arbeit
Für 4 Personen
20 Min. Zubereitungszeit (+ Abkühlzeit)
Pro Portion ca.
415 kcal, 13 g EW, 11 g F, 69 g KH

- je 1 Zweig Thymian, Rosmarin und Salbei
- Salz
- 300 g Instant-Polenta
- 100 g getrocknete, in Öl eingelegte Tomaten
- Pfeffer
- 5 EL frisch geriebener Parmesan
- 2 EL Olivenöl
- 1 EL Butter

Für mehr Die doppelte Menge Polenta zubereiten. Dann nicht auf ein Brett streichen, sondern in eine kleine, kalt ausgespülte Kastenform füllen. Nach dem Erkalten stürzen, in dünne Scheiben schneiden und wie beschrieben braten.

Polentaschnitten

mit Tomaten und Kräutern

1 Die Kräuter waschen und trocken schütteln. Die Blättchen von den Stielen zupfen und fein hacken. 1 l Wasser mit 1 TL Salz und den Kräutern zum Kochen bringen. Die Polenta einrühren und zugedeckt bei schwacher Hitze in etwa 5 Min. ausquellen lassen.

2 Inzwischen die Tomaten abtropfen lassen und klein würfeln. Mit Pfeffer und Käse unter die Polenta rühren, die Masse knapp 2 cm dick auf ein Brett streichen und abkühlen und fest werden lassen (das dauert mindestens 15 Min.). Die Polenta mit einem langen Messer mit angefeuchteter Klinge in etwa 3 cm breite und 6 cm lange Stücke schneiden.

3 Öl und Butter in einer Pfanne schmelzen. Die Polentaschnitten darin auf beiden Seiten bei mittlerer Hitze knusprig braten. Heiß servieren.

Das geht auch Die Polenta nach dem Abkühlen in Scheiben schneiden. Auf ein mit Backpapier ausgelegtes Backblech verteilen, mit etwas Öl beträufeln und im Ofen bei 250° (Umluft 220°) in etwa 5 Min. heiß und knusprig werden lassen.

Gemüsecouscous
mit Curry

bunte Mischung
Für 4 Personen
30 Min. Zubereitungszeit
Pro Portion ca.
400 kcal, 14 g EW, 12 g F, 59 g KH

250 g Möhren
250 g grüne Bohnen
1 dicke Stange Lauch
2 Fenchelknollen
1 EL Öl
1 EL Currypulver
1 TL gemahlener Kreuzkümmel
250 g Instant-Couscousgrieß
1/2 l Gemüsebrühe
Salz und Pfeffer
250 g saure Sahne
1 TL Garam masala (oder Ras-el-hanout oder Fünf-Gewürze-Pulver)

1 Das Gemüse schälen oder waschen. Die Möhren in knapp 1 cm dicke Scheiben schneiden, die Bohnen in etwa 3 cm lange Stücke. Den Lauch mit dem knackigen Grün in dickere Ringe schneiden. Den Fenchel vierteln, vom Strunk befreien und quer in Streifen schneiden.

2 Das Öl in einem größeren Topf erhitzen, das Gemüse darin anbraten. Curry und Kreuzkümmel darüberstäuben und anschwitzen. Den Couscous dazugeben und kurz mitbraten. Mit der Brühe aufgießen und erhitzen. Zugedeckt bei schwacher Hitze etwa 15 Min. garen, bis das Gemüse bissfest ist.

3 Couscous mit Salz und Pfeffer abschmecken. Saure Sahne mit Garam masala und Salz verrühren und dazu servieren. Je 1 Klecks auf den Couscous geben.

Das geht auch Im Sommer Aubergine, Zucchini und Paprika nehmen, im Herbst auch mal Kürbis und Staudensellerie.

Asianudeln
mit Gemüse und Tofu

1 Den Tofu abtropfen lassen und in etwa 1 cm große Würfel schneiden. Den Ingwer und den Knoblauch schälen und durch die Presse in ein Schälchen drücken. Den Chili zerkrümeln und dazugeben. Den Tofu unterrühren.

2 Das Gemüse schälen oder waschen und in Streifen schneiden. Die Sojasprossen waschen und abtropfen lassen. Für die Nudeln Wasser zum Kochen bringen.

3 Inzwischen das Öl im Wok erhitzen, den Tofu darin rundherum gut anbraten und wieder herausnehmen. Das Gemüse im Wok unter Rühren etwa 4 Min. braten. Mit der Brühe ablöschen, mit Sojasauce, Salz und 1 Prise Koriander abschmecken und zugedeckt bei schwacher Hitze noch einmal etwa 2 Min. garen.

4 Gleichzeitig die Nudeln nach Packungsangabe im Wasser garen. Die Sesamsamen mit dem Sesamöl in einer Pfanne leicht braun werden lassen.

5 Den Tofu unter das Gemüse mischen und wieder erwärmen, die Nudeln abgießen und mit der Gemüsemischung verrühren, mit dem Sesam bestreuen und servieren.

Das geht auch Tofu durch Huhn oder Pute ersetzen. Auch fein: Rinderfilet in dünnen Streifen.

Für mehr Größere Mengen lassen sich zwar auch im Wok zubereiten, allerdings ist dann die Hitze nicht mehr stark genug, sodass das Gemüse eher gedünstet wird. Deshalb besser in zwei Portionen arbeiten, alles anschließend mit dem Tofu mischen und wieder gut heiß werden lassen.

Küchentipp: Asiatische Nudeln

In Asien gibt es eine ganze Reihe verschiedener Nudeln: außer Weizennudeln auch solche aus Buchweizen, Reismehl oder der Stärke von Mungobohnen. Dünne Reisnudeln und Glasnudeln werden in Wasser eingeweicht und dann kurz mit dem Gemüse erhitzt. Breitere Reisnudeln muss man wie Weizennudeln in kochendem Wasser garen, Buchweizennudeln lässt man in heißem Wasser eher gar ziehen als kochen.

leicht und frisch
Für 4 Personen
25 Min. Zubereitungszeit
Pro Portion ca.
640 kcal, 24 g EW, 25 g F, 82 g KH

- 250 g Tofu
- 1 Stück frischer Ingwer (etwa 3 cm lang)
- 2 Knoblauchzehen
- 1 getrocknete Chilischote
- 2 Möhren
- 200 g junge Zucchini
- 200 g Austernpilze
- 1 rote Paprikaschote
- 100 g Sojasprossen
- 400 g Instant-Asianudeln (Mie)
- 4 EL neutrales Öl zum Braten
- 150 ml Gemüsebrühe
- 4 EL Sojasauce
- Salz und gemahlener Koriander
- 2 EL Sesamsamen
- 1 EL Sesamöl

Was ist Tofu?

Tofu wird aus der Milch von gelben Sojabohnen hergestellt und ist in Asien nach wie vor eine sehr wichtige Eiweißquelle. Bei uns bekommt man ihn heute nicht mehr nur im Asien- und Naturkosthandel, sondern auch in größeren Supermärkten. Verbraucht man den milden Tofu nicht gleich, kann man ihn in einer Schüssel mit Wasser im Kühlschrank bis zu einer Woche aufbewahren. Einfach das Wasser täglich wechseln.

4 schnelle Nudelsaucen

Würziger Paprikasugo

Rosmarin-Öl mit Käse

Pilz-Thunfisch-Sugo

Spinatsauce mit Feta

Pilz-Thunfisch-Sugo

für Fischfans | Für 4 Personen | 20 Min. Zubereitungszeit
Pro Portion ca. 180 kcal, 10 g EW, 15 g F, 2 g KH

250 g Tomaten | 1 rote Zwiebel | 250 g Champignons oder Egerlinge | 4 Zweige Thymian | 3 EL Olivenöl | 150 g Thunfisch (Dose) | 2 TL Kapern | 1/4 Bund Rucola | Salz und Pfeffer

1 Die Tomaten waschen und sehr fein würfeln. Die Zwiebel schälen und hacken. Pilze putzen und in dünne Scheiben schneiden. Thymian waschen, Blättchen abstreifen.

2 Die Pilze im Öl anbraten. Zwiebel und Thymian kurz mitbraten. Den Thunfisch abtropfen lassen, zerpflücken und mit den Tomaten und den Kapern untermischen. Offen bei schwacher Hitze etwa 5 Min. köcheln lassen.

3 Den Rucola verlesen, waschen, trocken schütteln und fein hacken. Unter die Sauce rühren, salzen und pfeffern.

Würziger Paprikasugo

sommerlich | Für 4 Personen | 15 Min. Zubereitungszeit
Pro Portion ca. 210 kcal, 5 g EW, 16 g F, 8 g KH

2 rote Paprikaschoten | 4 Knoblauchzehen | 10 Zweige Thymian 4 EL Pinienkerne | 2 EL Olivenöl | 1/8 l trockener Weißwein oder Gemüsebrühe | 1 TL Tomatenmark | 2 EL Sahne | Salz und Chilipulver nach Geschmack | 4 EL frisch geriebener Parmesan

1 Paprika waschen, putzen und in Streifen schneiden. Knoblauch schälen, in dünne Scheiben schneiden. Thymian waschen, Blättchen abstreifen. Pinienkerne mittelfein hacken, ohne Fett unter Rühren goldgelb rösten.

2 Paprika mit Thymian im Öl unter Rühren 2–3 Min. braten. Knoblauch kurz mitbraten. Wein angießen, Tomatenmark untermischen, Paprika zugedeckt bei schwacher Hitze in 2–3 Min. bissfest garen.

3 Sahne unterrühren, mit Salz und Chili abschmecken. Mit dem Käse unter gegarte Nudeln (Spaghetti oder Linguine) mischen und mit Pinienkernen bestreuen.

Spinatsauce mit Feta

griechisch inspiriert | Für 4 Personen | 20 Min. Zubereitungszeit
Pro Portion ca. 150 kcal, 7 g EW, 12 g F, 4 g KH

4 Frühlingszwiebeln | 2 Knoblauchzehen | 1 EL Olivenöl 250 g gehackter TK-Spinat | 50 ml Gemüsebrühe 1/2 Bio-Zitrone | 100 g Feta | 1/2 Bund Dill | 50 g Sahne oder Crème fraîche | Salz und Pfeffer

1 Zwiebeln waschen, putzen und mit dem Grün in feine Ringe schneiden. Knoblauch schälen und in dünne Scheiben schneiden. Beides im Öl andünsten. Spinat und Gemüsebrühe dazugeben und zugedeckt bei schwacher Hitze in etwa 6 Min. auftauen lassen.

2 Inzwischen die Zitrone heiß waschen und abtrocknen, ein etwa 4 cm langes Stück Schale dünn abschneiden und fein hacken. Den Feta zerkrümeln. Den Dill waschen und die Spitzen fein hacken. Zitronenschale mit Feta, Dill und Sahne unter den Spinat mischen, mit Salz und Pfeffer abschmecken. **Passt zu kurzen Nudeln wie Penne, Fusilli oder türkischen Reisnudeln.**

Rosmarin-Öl mit Käse

superschnell | Für 4 Personen | 10 Min. Zubereitungszeit
Pro Portion ca. 320 kcal, 15 g EW, 28 g F, 2 g KH

1 großes Bund Frühlingszwiebeln | 4 Zweige Rosmarin 1 getrocknete Chilischote | 150 g Cocktailtomaten | 150 g mittelalter Pecorino oder Grana Padano | 6 EL Olivenöl | Salz

1 Frühlingszwiebeln waschen, putzen und mit dem Grün in Ringe schneiden. Rosmarin waschen, die Nadeln fein hacken. Chili zerkrümeln. Tomaten waschen und vierteln. Käse entrinden und in kleine Stücke brechen.

2 Zwiebelringe mit Rosmarin und Chili in 4 EL Öl etwa 1 Min. andünsten. Tomaten darin nur erwärmen. Zwiebeln mit Salz und 2 EL Öl abschmecken. Mit dem Käse unter frisch gegarte Nudeln mischen. **Passt zu kurzen Nudeln.**

wärmend
Für 4 Personen
20 Min. Zubereitungszeit
Pro Portion ca.
600 kcal, 32 g EW, 16 g F, 77 g KH

Nudeln mit Huhn,
Lauch und Meerrettich

- Salz
- 400 g kurze Nudeln (z. B. Fusilli oder Hörnchennudeln)
- 1 dicke Stange Lauch
- 300 g Hühnerbrustfilet
- 1/2 Bund Petersilie
- 1 EL Butter
- 150 ml Hühnerbrühe
- 150 g Sahne
- Pfeffer und gemahlener Kümmel
- 1 Stück frische Meerrettichwurzel (etwa 3 cm lang)

1 Für die Nudeln reichlich Wasser zum Kochen bringen und salzen. Die Nudeln darin nach Packungsangabe al dente garen.

2 Schon während das Wasser heiß wird, den Lauch putzen, der Länge nach aufschlitzen und gründlich waschen. Mit dem knackigen Grün in feine Streifen schneiden. Hühnerfleisch kalt abspülen, trocken tupfen und in Streifen schneiden. Die Petersilie waschen, trocken schütteln und die Blättchen fein hacken.

3 Die Butter in einem Topf zerlassen. Den Lauch darin unter Rühren bei mittlerer Hitze 2–3 Min. andünsten. Das Fleisch untermischen und ganz kurz mitbraten. Brühe und Sahne dazurühren und offen 3–4 Min. köcheln lassen. Mit Salz, Pfeffer und 1 Prise Kümmel würzen.

4 Den Meerrettich schälen und fein reiben. Unter die Sauce mischen und diese nochmals abschmecken. Petersilie unterrühren. Die Nudeln abgießen und gleich mit der Sauce mischen. In vorgewärmten tiefen Tellern servieren.

Das geht auch Statt Lauch Wirsing oder Staudensellerie – ebenfalls in feinen Streifen – oder Rosenkohl – möglichst in einzelne Blätter zerlegen oder ganz dünn schneiden – nehmen.

Käsenudeln

preiswert und simpel

Für 4 Personen

25 Min. Zubereitungszeit

Pro Portion

ca. 625 kcal, 28 g EW, 21 g F, 79 g KH

300 g Zwiebeln
2 EL Butter
Salz und Pfeffer
400 g Hörnchennudeln oder Fusilli
2 Frühlingszwiebeln
2 Tomaten
200 g Emmentaler

1 Zwiebeln schälen und in feine Ringe schneiden. Die Butter in einer Pfanne zerlassen und die Zwiebeln darin bei schwacher Hitze in etwa 10 Min. weich und leicht braun braten, dabei häufig umrühren.

2 Inzwischen für die Nudeln reichlich Wasser zum Kochen bringen und salzen. Die Nudeln darin nach Packungsangabe al dente garen. Den Backofen auf 100° vorheizen.

3 Zwiebeln salzen, pfeffern und warm halten. Frühlingszwiebeln waschen, putzen und mit dem knackigen Grün in feine Ringe schneiden. Tomaten waschen und sehr klein würfeln. Emmentaler entrinden und reiben.

4 Nudeln abgießen und abtropfen lassen. Nudeln, Zwiebelringe, frische Zwiebeln und Tomaten lagenweise in eine hohe feuerfeste Form schichten, dabei jede Schicht mit etwas Käse bestreuen und leicht pfeffern. Etwa 5 Min. in den Backofen stellen, bis der Käse schmilzt, dann servieren. **Dazu passt Blattsalat.**

Als Auflauf vorbereiten Nudeln kochen, Zwiebeln braten und 4 Tomaten klein schneiden. Zutaten mit Käse in eine feuerfeste Form schichten und im Ofen bei 180° (Umluft 160°) in etwa 20 Min. heiß und leicht knusprig backen.

Gnocchi

mit grünem Spargel

zart und würzig

Für 4 Personen
25 Min. Zubereitungszeit
Pro Portion ca.
320 kcal, 14 g EW, 17 g F, 28 g KH

500 g grüner Spargel
Salz
250 g Cocktailtomaten
125 g Gorgonzola
1/4 Bund Petersilie
2 EL Butter
800 g Gnocchi (aus dem Kühlregal)
Pfeffer
frisch geriebener Parmesan zum Servieren

1 Den Spargel waschen, die Enden großzügig abschneiden. Falls nötig, die Stangen am unteren Ende schälen. Spitzen abschneiden, die Stangen in 2–3 cm lange Stücke schneiden. Salzwasser zum Kochen bringen, den Spargel darin in 2–3 Min. bissfest kochen. Abschrecken und abtropfen lassen.

2 Inzwischen die Tomaten waschen und vierteln. Den Käse würfeln. Die Petersilie waschen, trocken schütteln und die Blättchen fein hacken.

3 Die Butter in einer Pfanne zerlaufen lassen, die Gnocchi darin bei mittlerer Hitze etwa 3 Min. (Packungsangabe beachten) braten, dabei ab und zu in der Pfanne schwenken. Den Spargel dazugeben und erhitzen, die Tomaten mit der Petersilie und dem Gorgonzola untermischen. Erhitzen, bis der Käse zu schmelzen beginnt. Die Gnocchi mit Pfeffer und eventuell etwas Salz abschmecken und in vorgewärmten Tellern mit Parmesan bestreut servieren.

Das geht auch Die doppelte Menge Tomatensauce von Seite 82 zubereiten und mit den gebratenen Gnocchi mischen. Auch fein: 300 TK-Erbsen mit 1 gewürfelten Zwiebel und 2 gehackten Knoblauchzehen in Öl und Butter andünsten. 125 ml Gemüsebrühe und 150 g Sahne dazugeben, mit frisch abgeriebener Zitronenschale, Salz, Pfeffer und Chilipulver abschmecken und zu den Gnocchi servieren.

Variante: Gnocchi-Gemüse-Gratin

600 g gemischtes Gemüse (z. B. Fenchel, Paprika, Radicchio und Staudensellerie) putzen, waschen und in mundgerechte Stücke teilen. In Salzwasser blanchieren, abschrecken und abtropfen lassen. Mit den Gnocchi mischen und in eine feuerfeste Form füllen. 150 g Sahne mit 1 Ei und 150 g frisch geriebenem Pecorino oder Parmesan mischen und darüber verteilen. Im Backofen bei 200° (Mitte, Umluft 180°) in etwa 30 Min. goldbraun backen. Mit Salat servieren.

Küchentipp: Gnocchi selber machen

1 kg mehligkochende Kartoffeln in der Schale in Wasser garen, abgießen und etwas auskühlen lassen. Dann schälen und noch heiß durch die Kartoffelpresse drücken. Mit 150 g Mehl, 100 g Hartweizengrieß und 1 TL Salz zu einem gebundenen Teig verkneten, auf Mehl zu fingerdicken Rollen formen und diese in etwa 3 cm lange Stücke schneiden. Zinken einer Gabel in Mehl tauchen und auf die Gnocchi drücken; so bekommen sie ihre Rillen. Die selbst gemachten Gnocchi in leise siedendem Salzwasser in etwa 10 Min. gar ziehen lassen. Die Sauce extra zubereiten: Spargel in Butter andünsten, Tomaten und restliche Zutaten dazugeben. Die Sauce mit den abgetropften Gnocchi mischen.

Pilzpizza

für Groß und Klein | Für 4 Personen | 20 Min. Zubereitungszeit
18 Min. Backzeit
Pro Portion ca. 580 kcal, 27 g EW, 32 g F, 47 g KH

1 fertig ausgerollter Pizzateig auf Backpapier (400 g, aus dem Kühlregal) | 1 Dose Pizzatomaten (400 g) | 2 Knoblauchzehen 2 TL gemischte getrocknete Kräuter | 2 EL Olivenöl | Salz und Pfeffer | 250 g Champignons oder Egerlinge | 2 Beutel Mozzarella (250 g) | 100 g gekochter oder roh geräucherter Schinken in dünnen Scheiben

1 Teig mit dem Papier auf das Backblech legen. Backofen auf 250° (Umluft 220°) vorheizen. Tomaten abtropfen lassen. Knoblauch schälen und zu den Tomaten pressen. Die Kräuter und 1 EL Olivenöl untermischen und die Sauce salzen und pfeffern. Die Pilze putzen, von den Stielenden befreien und in dünne Scheiben schneiden. Den Mozzarella würfeln.

2 Den Teig mit der Tomatensauce bestreichen, mit Pilzen und Käse belegen. 1 EL Öl darüberträufeln. Die Pizza im Ofen (Mitte) etwa 18 Min. backen. Den Schinken vom Fettrand befreien, die Scheiben auf der heißen Pizza verteilen, gleich servieren.

Schafkäsepizza

vegetarisch | Für 4 Personen | 15 Min. Zubereitungszeit
15 Min. Backzeit
Pro Portion ca. 540 kcal, 21 g EW, 31 g F, 44 g KH

300 g Feta | 50 g Joghurt | Pfeffer und Salz | 1 fertig ausgerollter Pizzateig auf Backpapier (400 g, aus dem Kühlregal; s. Tipp) 4 EL Olivenöl | 1 Bund Rucola | 2 Tomaten | 1 EL Aceto balsamico

1 Den Backofen auf 250° (Umluft 220°) vorheizen. Den Schafkäse in kleine Stücke zerkrümeln und mit dem Joghurt mischen. Mit Pfeffer und eventuell etwas Salz (der Käse ist salzig!) abschmecken.

2 Den Teig mit dem Papier auf dem Bachblech auslegen und mit der Schafkäsemischung bestreichen. Mit 2 EL Öl beträufeln. Die Pizza im Ofen (Mitte) etwa 15 Min. backen.

3 Inzwischen den Rucola verlesen, waschen und trockenschütteln. Die Tomaten waschen und würfeln. Den Balsamico mit 2 EL Öl, Salz und Pfeffer verrühren, mit Rucola und Tomaten mischen und vor dem Servieren auf der Pizza verteilen.

Das geht auch Statt dem ausgerollten Teig Pizzateig zum Anrühren aus der Packung nehmen, nach dem Gehen in vier Stücke teilen und jeweils zu runden Fladen mit etwas dickerem Rand ausrollen. Belegen und wie beschrieben backen.

Zum Sattessen Die eher leicht belegte Pizza ist ideal nach einer üppigeren Vorspeise. Wer nur Pizza essen will, sollte für 4 die doppelte Menge zubereiten.

Wirsingquiche mit Senfcreme

winterlich | Für 4 Personen | 15 Min. Zubereitungszeit
30 Min. Backzeit
Pro Portion ca. 895 kcal, 27 g EW, 68 g F, 43 g KH

450 g TK-Blätterteig (6 Platten) | Salz | 1/2 Wirsing (etwa 700 g) 1 TL Kümmelkörner nach Belieben | 3 Eier | 250 g Sahne oder saure Sahne | 1 1/2 EL scharfer Senf | 150 g frisch geriebener Hartkäse (Emmentaler, Bergkäse oder Gouda)

1 Den Blätterteig in etwa 10 Min. auftauen lassen. Inzwischen reichlich Salzwasser erhitzen. Den Wirsing waschen und in feine Streifen schneiden. Im kochenden Wasser etwa 2 Min. blanchieren, kalt abschrecken und abtropfen lassen. Den Wirsing eventuell mit dem Kümmel mischen.

2 Den Backofen auf 180° vorheizen. Das Backblech mit Backpapier belegen. Blätterteigplatten so darauflegen, dass sie an den Rändern leicht überlappen. Mit einem kleinen Rollholz über die Ränder rollen oder die Teigränder mit den Fingern zusammendrücken. Teig mit dem Wirsing belegen.

3 Die Eier mit Sahne und Senf verquirlen, den Käse untermischen und den Guss mit Salz abschmecken. Auf dem Wirsing verteilen. Im Ofen (unten, Umluft 160°) etwa 30 Min. backen, bis der Teig knusprig ist. Falls der Belag zu schnell braun wird, mit Alufolie abdecken.

3x Pizza & Co.

Pilzpizza

Wirsingquiche mit Senfcreme

Schafkäsepizza

Gebratener Reis
mit Gemüse

mediterran zubereitet
Für 4 Personen
30 Min. Zubereitungszeit
Pro Portion ca.
625 kcal, 21 g EW, 30 g F, 69 g KH

- 400 g Zucchini
- 250 g Champignons oder Egerlinge
- 2 Knoblauchzehen
- 50 g schwarze entsteinte Oliven
- 8 getrocknete, in Öl eingelegte Tomaten
- 2 Zweige Thymian
- 2 Salbeiblättchen
- 6 EL Olivenöl
- 600 g gegarter Reis (am besten vom Vortag, roh etwa 300 g)
- Salz und Pfeffer
- 4 Eier
- 50 g frisch geriebener Parmesan

1 Die Zucchini waschen, putzen und erst in Scheiben, dann in Stifte schneiden. Die Pilze mit feuchtem Küchenpapier abreiben, von den Stielenden befreien und in Scheiben schneiden. Den Knoblauch schälen und fein hacken. Oliven und Tomaten abtropfen lassen und ebenfalls klein schneiden. Den Thymian waschen, trocken schütteln und die Blättchen abstreifen. Den Salbei in Streifen schneiden.

2 4 EL Öl in einer großen Pfanne erhitzen. Den Reis in der Pfanne verteilen und bei mittlerer Hitze etwa 3 Min. braten, ohne umzurühren, dann wenden und nochmal 3 Min. braten. Aus der Pfanne nehmen.

3 2 EL Öl erhitzen. Zucchini und Pilze darin unter Rühren in 2–3 Min. bissfest braten. Knoblauch und Kräuter kurz mitbraten. Olivenmischung unterrühren, dann den Reis wieder dazugeben und alles mit Salz und Pfeffer abschmecken.

4 Die Eier mit Parmesan verquirlen und unter den Reis rühren. Die Pfanne vom Herd nehmen und weiterrühren, bis das Ei gestockt, aber nicht trocken ist.

Küchentipp: Nicht so viel rühren
Damit der Reis nicht nur heiß, sondern auch ein bisschen knusprig wird, ist es wichtig, dass er im Fett brät, ohne umgerührt zu werden. Nur so können die Körnchen eine Kruste bilden.

Varianten
Reis asiatisch Etwa 700 g Gemüse (z. B. Möhren, Staudensellerie, Lauch, Austernpilze und Paprikaschoten) waschen oder putzen und in feine Stifte schneiden. Reis wie beschrieben braten und aus der Pfanne nehmen. Gemüse in 2 EL neutralem Öl mit 2 TL frisch gehacktem Ingwer, Ringen von 1 roten Chilischote und 4 gehackten Knoblauchzehen unter Rühren bissfest braten und leicht salzen. 4 Eier mit 4 EL Sojasauce verrühren und untermischen. Stocken lassen und mit Frühlingszwiebelgrün und (Thai-)Basilikum bestreuen.

Reis indisch Reis (am besten Basmatireis) wie beschrieben braten und herausnehmen. 500 g Hühnerbrustfilets in Streifen schneiden. 1 Bund Frühlingszwiebeln waschen, putzen und in Ringe schneiden. Beides mit 2 EL Mandelblättchen in 2 EL Butter bei mittlerer Hitze 2 Min. braten. Etwas gemahlenen Safran, je 1 Prise Zimtpulver und gemahlenen Kardamom zugeben und mit Salz und Pfeffer abschmecken. Reis mit 100 g Sahne untermischen und wieder heiß werden lassen. Mit Minze bestreut servieren.

Gerstenkörner machen **Suppen und Eintöpfe** wunderbar sämig, schmecken fein **aromatisch** und behalten einen angenehmen Biss.

Rosenkohlgerste
mit Gorgonzola

aromatisch-deftig
Für 4 Personen
20 Min. Zubereitungszeit
35 Min. Garzeit
Pro Portion ca.
510 kcal, 21 g EW, 22 g F, 54 g KH

- 100 g gekochter Schinken
- 1 Zwiebel
- 1 Möhre
- 1 EL Butter
- 1 TL Kümmelkörner
- 250 g Rollgerste (Gerstengraupen)
- 800 ml Gemüse- oder Fleischbrühe
- 400 g Rosenkohl
- 100 g Gorgonzola
- 100 g Sahne
- Salz und Pfeffer
- 1 Kästchen Gartenkresse

1 Den Schinken vom Fettrand befreien und in kleine Würfel schneiden. Die Zwiebel und die Möhre schälen und klein würfeln.

2 Die Butter in einem Topf zerlassen. Zwiebel, Möhre und Schinken darin mit dem Kümmel bei mittlerer Hitze glasig dünsten. Gerste und Brühe dazugeben und erhitzen. Zugedeckt bei schwacher Hitze etwa 15 Min. garen.

3 Inzwischen den Rosenkohl putzen und vierteln. Unter die Gerste mischen und noch einmal etwa 20 Min. garen, bis Gerste und Rosenkohl weich sind. Dabei bei Bedarf noch etwas Brühe oder Wasser angießen.

4 Den Gorgonzola in kleine Würfel schneiden, mit der Sahne unter die Gerste rühren und schmelzen lassen. Gerste mit Salz und Pfeffer abschmecken und mit der Kresse bestreut servieren.

Variante: Gerstensuppe mit buntem Gemüse

Je 1 Zucchino, Möhre, Lauchstange, rote Paprikaschote und kleine Fenchelknolle waschen, putzen und in kleine Würfel schneiden. Mit den Blättchen von 2 Thymianzweigen und ein paar gehackten Rosmarinnadeln in 2 EL Butter anbraten, dann 100 g Rollgerste dazugeben. Mit 2 TL Mehl bestäuben, alles kurz anschwitzen. Mit 1 1/4 l Gemüsebrühe aufgießen und bei schwacher Hitze zugedeckt etwa 45 Min. garen. Nach Belieben mit etwas Sahne verfeinern, mit Salz, Pfeffer und Chili abschmecken und mit frisch geriebenem Parmesan servieren.

Tomaten-Risotto
mit Salsiccia

italienisch
Für 4 Personen
30 Min. Zubereitungszeit
Pro Portion ca.
810 kcal, 22 g EW, 39 g F, 86 g KH

1 Zwiebel
300 g Tomaten
250 g rohe Salsiccia (italienische Schweinefleischwurst, ersatzweise rohe mild gewürzte Bratwurstmasse oder Mett)
3 EL Butter
400 g Risottoreis
1 1/4 l Fleisch- oder Gemüsebrühe
1/4 Bund Petersilie
150 g Fontina oder anderer mittelweicher Käse
Salz und Pfeffer
geriebene Muskatnuss

1 Die Zwiebel schälen und klein hacken. Die Tomaten waschen und sehr fein würfeln. Die Wurstmasse in kleinen Stücken aus der Haut drücken.

2 1 1/2 EL Butter in einem Topf zerlaufen lassen. Zwiebel und Wurst darin glasig dünsten. Ungewaschene Reiskörner dazugeben und unterrühren, bis alle Körner von einem Fettfilm überzogen sind. Tomaten und einen Teil der Brühe zugeben. Den Risotto bei schwacher bis mittlerer Hitze offen garen, bis er bissfest ist. Dabei sehr häufig durchrühren und nach und nach die übrige Brühe angießen.

3 Die Petersilie waschen, trocken schütteln und die Blättchen fein hacken. Den Käse von der Rinde befreien und in kleine Würfel schneiden. Petersilie, Käse und 1 1/2 EL Butter unter den Reis rühren. Mit Salz, Pfeffer und Muskat abschmecken und in vorgewärmten tiefen Tellern servieren.

Das geht auch Statt Wurst und Tomaten kann man die unterschiedlichsten Gemüsesorten mit dem Reis garen. Besonders fein sind Spargel, Kürbis, Pilze oder Erbsen. Statt Fontina zum Schluss etwas Butter in Würfeln und reichlich frisch geriebenen Parmesan unter den Reis heben. Mit noch mehr geriebenem Parmesan servieren.

Küchentipp: Risotto garen
Vom Prinzip her wird jeder Risotto auf die gleiche Art zubereitet: Die Körner garen offen in Flüssigkeit (die immer wieder aufgegossen wird) und werden so oft wie möglich umgerührt, damit der Risotto schön sämig wird.

Kartoffeln & Gemüse

Stampfkartoffeln mit Apfel

fruchtig | Für 4 Personen | 30 Min. Zubereitungszeit
Pro Portion ca. 180 kcal, 4 g EW, 6 g F, 27 g KH

600 g mehligkochende Kartoffeln | 2 säuerliche Äpfel (etwa 250 g) | 2 Zweige frischer Oregano (ersatzweise 1 TL getrockneter) | 1 EL Butter | 1/4 l Gemüsebrühe 100 g saure oder süße Sahne | Salz und Pfeffer

1 Kartoffeln und Äpfel schälen, Kartoffeln waschen, Äpfel von den Kerngehäusen befreien. Beides in Würfel schneiden. Oregano waschen, Blättchen fein hacken.

2 Kartoffeln und Äpfel mit Oregano in einem Topf in der Butter andünsten. Brühe angießen und die Kartoffeln zugedeckt bei schwacher Hitze in 15–20 Min. weich garen. Sahne dazugeben und die Kartoffeln mit dem Kartoffelstampfer grob zerdrücken. Mit Salz und Pfeffer abschmecken. **Passt zu Fleisch- oder Getreidepflanzerln, Kotelett oder Schnitzel.**

Bratkartoffeln mit Paprika

knusprig-fruchtig | Für 4 Personen | 20 Min. Zubereitungszeit
Pro Portion ca. 250 kcal, 4 g EW, 14 g F, 28 g KH

je 1 mittelgroße grüne, gelbe und rote Paprikaschote 1 rote Zwiebel | 4 Zweige Thymian | 3 EL Olivenöl | 800 g gegarte Pellkartoffeln (am besten vom Vortag) | 2 EL Butter Salz und Pfeffer

1 Paprika waschen, putzen und in knapp 1 cm breite Streifen schneiden. Zwiebel schälen, halbieren und in Streifen schneiden. Thymian waschen, Blättchen abzupfen. Paprika mit Zwiebel und Thymian im Öl in einer Pfanne bei mittlerer Hitze etwa 5 Min. braten, dabei immer wieder durchrühren.

2 Inzwischen die Kartoffeln schälen und in gut 1 cm dicke Scheiben schneiden. Mit der Butter in Stücken zur Paprikamischung geben, alles salzen, pfeffern und weitere 5 Min. braten. Ebenfalls ab und zu durchrühren. **Passt zu Geflügel, Lamm oder Bratwurst.**

Kartoffelwedges mit Limettensalz

würzig-frisch | Für 4 Personen | 10 Min. Zubereitungszeit
25–30 Min. Backzeit
Pro Portion ca. 225 kcal, 3 g EW, 12 g F, 25 g KH

800 g festkochende Kartoffeln | 4 EL Olivenöl | Salz | 1/2 Bio-Limette | 1 TL grobes Meersalz | 1 TL gemahlener Koriander

1 Den Backofen auf 200° vorheizen. Das Backblech mit Backpapier auslegen. Kartoffeln schälen, waschen und der Länge nach achteln. Mit Öl und ein wenig normalem Salz mischen und auf dem Backpapier im Ofen (Mitte, Umluft 180°) 25–30 Min. backen, bis sie weich und braun sind. Dabei einmal durchrühren.

2 Limette heiß waschen und abtrocknen, die Schale fein abreiben. Das Meersalz im Mörser zerstoßen und mit Limettenschale und Koriander mischen. Die Kartoffeln damit bestreuen. **Passt zu Geflügel oder Blattspinat.**

Kartoffelpüree mit Oliven

mediterran | Für 4 Personen | 20 Min. Zubereitungszeit
Pro Portion ca. 190 kcal, 6 g EW, 6 g F, 28 g KH

**800 g vorwiegend festkochende Kartoffeln | Salz
1/2 Bund Frühlingszwiebeln | 1/2 Bund Petersilie
50 g entsteinte grüne Oliven | 1/4 l Milch | 1 EL Butter
frisch geriebene Muskatnuss**

1 Die Kartoffeln schälen, waschen und würfeln. Knapp mit Salzwasser bedecken und zugedeckt bei mittlerer Hitze in 10–15 Min. weich kochen.

2 Frühlingszwiebeln waschen, putzen, das Weiße und das Grüne getrennt in Ringe schneiden. Petersilie waschen, Blättchen fein hacken. Oliven fein schneiden. Milch erwärmen, weiße Zwiebelringe untermischen und darin ziehen lassen.

3 Kartoffeln abgießen und mit dem Kartoffelstampfer zerdrücken. Milch, Butterstückchen, Petersilie, Oliven und Zwiebelgrün untermischen. Mit Salz und Muskat abschmecken. **Passt zu gebratenem Mittelmeerfisch und Lammfleisch.**

deftig und würzig
Für 4 Personen
20 Min. Zubereitungszeit
40-45 Min. Backzeit
Pro Portion ca.
440 kcal, 19 g EW, 27 g F, 30 g KH

Kartoffeln
im knusprigen Speckmantel

1 kg mittelgroße eher flache, festkochende Kartoffeln
je 2 Zweige Thymian und Rosmarin
1 Zweig Salbei
1/4 Bund Petersilie
1 Knoblauchzehe
1 getrocknete rote Chilischote nach Belieben
200 g durchwachsener Räucherspeck in dünnen Scheiben
Salz
1 EL Olivenöl

1 Den Backofen auf 180° vorheizen. Kartoffeln schälen und waschen. Kräuter waschen, von den Stielen zupfen. Knoblauch schälen und mit Kräutern und eventuell der Chilischote sehr fein hacken.

2 Jeweils 2 Speckscheiben leicht überlappend nebeneinander auf der Arbeitsfläche auslegen und mit der Kräutermischung bestreuen. Kartoffeln leicht salzen und je 1 in 2 Speckscheiben einwickeln.

3 Die Speckkartoffeln nebeneinander in eine feuerfeste Form legen und mit dem Öl beträufeln. Im Ofen (Mitte, Umluft 160°) 40-45 Min. backen, bis sie weich sind und der Speck knusprig ist. Dabei nach etwa der Hälfte der Zeit umdrehen. **Dazu schmecken Salat und saure Sahne oder Schmand.**

Das geht auch Die Speckkartoffeln können Sie auch mit gegarten Pellkartoffeln zubereiten. Dann die Hitze auf 220° (Umluft 200°) erhöhen und die Kartoffeln nur etwa 20 Min. backen.

Die Sauce lässt sich vorbereiten und die Kartoffeln werden fast ohne Aufsicht im Ofen gar – entspannter kann man nicht kochen.

Ofenkartoffeln
mit Krabbensauce

Highlight im Alltag
Für 4 Personen
20 Min. Zubereitungszeit
30 Min. Backzeit
Pro Portion ca.
350 kcal, 17 g EW, 15 g F, 35 g KH

8 mittelgroße vorwiegend festkochende Kartoffeln (etwa 1 kg)
2 EL Sonnenblumenöl
Salz
je 1/2 Bund Petersilie und Basilikum
4 Frühlingszwiebeln
2 Gewürzgurken
1 EL Kapern
250 g saure Sahne
150 g Joghurt
2 TL mittelscharfer Senf
200 g gepulte Nordseekrabben
Pfeffer

1 Den Backofen auf 180° vorheizen. Kartoffeln waschen oder schälen und der Länge nach halbieren. Das Backblech mit Backpapier auslegen, mit Öl einpinseln und mit Salz bestreuen. Die Kartoffeln mit der Schnittfläche nach unten auf das Papier legen und im Ofen (Mitte, Umluft 160°) etwa 30 Min. backen, bis sie weich sind.

2 Inzwischen die Kräuter waschen und die Blättchen fein hacken. Die Frühlingszwiebeln waschen, putzen und mit dem knackigen Grün fein schneiden. Die Gewürzgurken in kleine Würfel schneiden. Die Kapern abtropfen lassen und grob hacken.

3 Saure Sahne mit Joghurt und Senf verrühren. Kräuter, Frühlingszwiebeln, Gurken, Kapern und Krabben untermischen und alles mit Salz und Pfeffer verrühren. Zu den Kartoffeln essen. **Dazu schmeckt außerdem Kopfsalat mit Schnittlauch.**

Das geht auch Keine Nordseekrabben bekommen? Dann nehmen Sie stattdessen Garnelen, am besten solche aus kühlen Gewässern, denn die sind in der Regel weniger mit Schadstoffen und Antibiotika belastet als Süßwassergarnelen aus Aquakultur, die meist aus Asien kommen. Ebenfalls fein: Kasseler oder gekochter Schinken in möglichst kleinen Würfeln unter die Kräutersahne rühren.

Kartoffel-Kürbis-Gratin
mit Gorgonzola

Klassiker in neuer Form
Für 4 Personen
15 Min. Zubereitungszeit
45 Min. Backzeit
Pro Portion ca.
430 kcal, 13 g EW, 29 g F, 30 g KH

- 700 g vorwiegend festkochende Kartoffeln
- 1 Stück Kürbis (etwa 500 g, z. B. Muskat- oder Butternutkürbis)
- Salz und Pfeffer
- 1/2 TL getrockneter Thymian (ersatzweise 1 TL frische Blättchen)
- 200 g Sahne
- 75 ml Milch
- 150 g Gorgonzola

1 Den Backofen auf 180° vorheizen. Die Kartoffeln schälen und waschen. Den Kürbis gegebenenfalls von den Kernen (Butternut hat keine) befreien und ebenfalls schälen. Kartoffeln und Kürbis mit dem Gurkenhobel in feine Scheiben teilen.

2 Die Kartoffeln und den Kürbis lagenweise bunt gemischt oder abwechselnd in eine feuerfeste Form schichten, dabei jede Lage leicht salzen und pfeffern und mit etwas Thymian bestreuen. Sahne und Milch miteinander verrühren und seitlich angießen.

3 Das Gratin im Ofen (Mitte, Umluft 160°) etwa 30 Min. backen. Dann den Gorgonzola mit der Rinde in Würfel schneiden und auf der Oberfläche verteilen. Das Gratin weitere 15 Min. backen, bis Kartoffeln und Kürbis weich sind und die Oberfläche schön gebräunt ist.

Als Hauptgericht: Schmeckt mit einem gemischten Salat oder einem kurz blanchiertem Spinat mit Zitrone, Knoblauch und Olivenöl.

Als Beilage zu Lammkoteletts, Schweinesteaks oder Fleischpflänzchen.

Servierfreundlich Wenn Sie 4 kleinere Auflaufförmchen haben, verteilen Sie die Zutaten darin und servieren jedem sein eigenes Gratin.

Das geht auch Viele andere Gemüsesorten kann man gut mit den Kartoffeln in ein Gratin schichten: Knollensellerie, Rosenkohl oder ganz frische Pilze in dünnen Scheiben, Paprika oder Wirsing (blanchiert) in Streifen, Zucchini, Kohlrabi oder Möhren – wie die Kartoffeln fein gehobelt. Die Garzeit bleibt gleich. Und wer das Ganze milder mag, ersetzt den Gorgonzola durch Mozzarella.

Variante: Kartoffelgratin (als Beilage)

1 kg Kartoffeln schälen, waschen und in Scheiben hobeln. Eine feuerfeste Form mit den Schnittflächen von 1/2 Knoblauchzehe ausreiben und mit Butter ausstreichen. Kartoffeln lagenweise dachziegelartig einschichten und jede Lage salzen und pfeffern. 250 g Sahne mit 150 ml Milch mischen, seitlich angießen. Butterflöckchen auf dem Gratin verteilen und alles bei 180° (Mitte, Umluft 160°) etwa 45 Min. backen, bis die Kartoffeln weich und gebräunt sind.

Mehl
200 Graupen
Reis

wunderbar herzhaft
Für 4 Personen
25 Min. Zubereitungszeit
Pro Portion ca.
490 kcal, 14 g EW, 36 g F, 26 g KH

800 g Pellkartoffeln (vom Vortag)
1 Kohlrabi
2 rote Zwiebeln
400 g rohe Bratwürste
2 EL Butter
1 EL Öl
1 TL Kümmelkörner
Salz
1/2 Bund Petersilie

Bratwurstgröstl
mit Kohlrabi

1 Die Kartoffeln schälen und in gut 1/2 cm dicke Scheiben schneiden. Den Kohlrabi schälen, erst in Scheiben, dann in Stifte schneiden. Die Zwiebeln schälen, halbieren und ebenfalls in Streifen schneiden. Die Bratwürste in etwa 1 cm lange Stücke schneiden.

2 Die Butter mit dem Öl in einer großen Pfanne erhitzen. Kohlrabi und Zwiebeln darin bei mittlerer Hitze unter Rühren etwa 5 Min. braten, bis sie bissfest werden. Die Kartoffeln mit Wurststücken und Kümmel untermischen und noch einmal etwa 8 Min. braten, bis sie schön gebräunt sind. Dabei häufig umrühren.

3 Das Gröstl mit Salz abschmecken. Die Petersilie waschen, die Blättchen fein hacken und unterrühren. Rasch servieren.

Das geht auch Wer's cremiger mag, mischt 50 g Crème fraîche mit 1 TL scharfem Senf und rührt das mit der Petersilie unter die fertige Kartoffelpfanne. Oder 2 Eier mit 3–4 EL Milch verquirlen, darübergießen und unter Rühren stocken lassen.

Schupfnudeln
mit Sahne-Senf-Pilzen

einfach köstlich
Für 4 Personen
15 Min. Zubereitungszeit
Pro Portion ca.
530 kcal, 18 g EW, 20 g F, 74 g KH

- 600 g Champignons oder Egerlinge
- 1/4 Bund Thymian
- 4 EL Butter
- 2 EL Noilly Prat nach Belieben
- 150 g Sahne
- 800 g Schupfnudeln (aus dem Kühlregal)
- 2 TL mittelscharfer Senf
- Salz und Pfeffer
- Gartenkresse zum Bestreuen

1 Die Pilze putzen, von den Stielenden befreien und in dünne Scheiben schneiden. Den Thymian waschen, trocken schütteln und die Blättchen abstreifen.

2 2 EL Butter in einem Topf erhitzen. Pilze mit Thymian darin unter Rühren bei starker Hitze 3–4 Min. anbraten. Mit dem Noilly Prat ablöschen, die Sahne unterrühren und bei starker Hitze etwas einkochen lassen.

3 Gleichzeitig 2 EL Butter in einer Pfanne erhitzen. Die Schupfnudeln darin rundherum in etwa 5 Min. bei mittlerer Hitze knusprig braten. Die Pilze mit Senf, Salz und Pfeffer abschmecken, mit Kresse bestreuen und zu den Schupfnudeln servieren. **Dazu passt Blatt- oder Gurkensalat.**

Küchentipp: Schupfnudeln selber machen

Dafür brauchen Sie etwas Zeit: 1 kg mehlig kochende Kartoffeln in der Schale in Wasser kochen, abgießen, etwas abkühlen lassen und schälen. Durch die Kartoffelpresse drücken und mit 150 g Mehl, 1 Ei, 1 Eigelb, Salz und Muskat rasch zu einem gebundenen Teig verkneten. Zu Rollen von 2 cm Ø formen und kleine Stücke abschneiden. Diese zu Nudeln rollen, die an den Enden spitz zulaufen. In leise kochendem Salzwasser portionsweise jeweils 1 Min. garen, in einem Sieb kalt abschrecken und abtropfen lassen. Etwa 1 Std. trocknen lassen, dann wie oben beschrieben braten.

Schupfnudeln gibt's im Supermarkt im Kühlregal – im Naturkostladen sogar aus Biozutaten. Einfach nur braten und genießen!

Die besonders würzigen Pilze schmecken mit Kartoffeln oder Nudeln, sind aber auch als Beilage zu gebratenem oder gegrilltem Fleisch willkommen.

Chilipilze
in Gorgonzolacreme

würzig und cremig
Für 4 Personen
20 Min. Zubereitungszeit
Pro Portion ca.
270 kcal, 12 g EW, 23 g F, 2 g KH

600 g Egerlinge oder Champignons
2 Knoblauchzehen
2 rote Chilischoten
2 EL Butter
1 EL Öl
150 g Gorgonzola
1/8 l Gemüsebrühe
50 g Sahne
Salz und Nelkenpulver
2 Stängel Petersilie

1 Die Pilze putzen und in etwa 1/2 cm dicke Scheiben schneiden. Den Knoblauch schälen und in dünne Scheiben schneiden. Die Chilischoten waschen, von den Stielen befreien und mit den Kernen in dünne Ringe schneiden.

2 Die Butter mit dem Öl in einem Topf oder einer hohen Pfanne erwärmen. Die Pilze darin unter Rühren bei starker Hitze 2–3 Min. braten. Die Hitze reduzieren, Knoblauch und Chili ein paar Min. mitbraten.

3 Den Gorgonzola in kleine Würfel schneiden und mit der Brühe und der Sahne zu den Pilzen geben. Unter Rühren erhitzen, bis der Käse geschmolzen ist. Die Pilze mit Salz und 1 winzigen Prise Nelkenpulver abschmecken. Die Petersilie waschen, trocken schütteln und die Blättchen fein hacken. Vor dem Servieren über die Pilze streuen. **Dazu passen Kartoffelpüree, Pellkartoffeln oder auch Bandnudeln.**

Das geht auch Statt Egerlingen Austernpilze in Streifen nehmen oder gleich ganz andere Gemüsesorten: Zucchini in Würfeln, Paprika in Streifen oder enthülste Erbsen.

Küchentipp: Pilze putzen
Egerlinge und Champignons kommen aus Zuchtbetrieben und sind in der Regel nur leicht mit Erde verschmutzt. Diese am besten mit feuchtem Küchenpapier abwischen. Dann werden noch die Stielenden abgeschnitten – fertig! Waschen sollte man Pilze möglichst nicht, vor allem nicht im Wasser liegen lassen. Sie saugen sich sonst voll und ihr feiner Geschmack wird verwässert.

Zitronenmangold
mit Pinienkernen

1 Den Mangold waschen und abtropfen lassen. Die Blätter von den Stielen schneiden und grob hacken, die Stiele in etwa 1 cm breite Streifen schneiden. In einem Topf Salzwasser zum Kochen bringen.

2 Inzwischen die Zitrone heiß waschen und abtrocknen, die Schale fein abreiben, eine Hälfte auspressen. Die Fenchelsamen in einem Topf leicht anrösten, dann im Mörser andrücken. Die Pinienkerne in einer trockenen Pfanne goldgelb rösten und auf einem Teller beiseitestellen.

3 Die Mangoldstiele im kochenden Wasser bei starker Hitze zugedeckt 2 Min. vorgaren, dann die Blätter dazugeben und in 1–2 Min. zusammenfallen lassen. Alles abgießen und gut abtropfen lassen, dann mit Zitronenschale, 1 EL Zitronensaft, den Fenchelsamen und dem Öl mischen und mit Salz und 1 Prise Chili abschmecken. Mit den Pinienkernen bestreut servieren.

Das geht auch Statt Mangold schmeckt auch Spinat. Die Blätter werden nur 1–2 Min. blanchiert, dann mit den übrigen Zutaten gemischt.

frisch und vitaminreich
Für 4 Personen
20 Min. Zubereitungszeit
Pro Portion ca.
190 kcal, 23 g EW, 17 g F, 2 g KH

1 kg Mangold
Salz
1 große Bio-Zitrone
1 TL Fenchelsamen
3 EL Pinienkerne
4 EL Olivenöl
Chilipulver

3x würzige Gemüse als Beilage

Blattspinat mit Tomaten

Rosenkohl mit Zitronen-Thymian-Butter

Gurken in Kräutersauce

Rosenkohl mit Zitronen-Thymian-Butter

mediterran | Für 4 Personen | 25 Min. Zubereitungszeit
Pro Portion ca. 90 kcal, 5 g EW, 5 g F, 5 g KH

**500 g Rosenkohl | 1 Schalotte | 4 Zweige Thymian
2 EL Butter | 200 ml Gemüsebrühe |1/2 Bio-Zitrone | Salz und gemahlener Kümmel**

1 Den Rosenkohl waschen, von Stielansätzen und allen welken Blättern befreien. Die Köpfchen halbieren oder vierteln. Die Schalotte schälen und fein würfeln. Den Thymian abspülen, die Blättchen abstreifen.

2 Schalotte und Thymian in 1 EL Butter andünsten. Rosenkohl unterrühren. Die Brühe dazugießen, Kohl zugedeckt bei schwacher Hitze in etwa 15 Min. bissfest kochen.

3 Inzwischen die Zitrone heiß waschen und abtrocknen, die Schale fein abreiben. 1 EL Butter in Würfel schneiden, mit der Zitronenschale unter den Rosenkohl heben. Mit Salz und 1 Prise Kümmel abschmecken.

Gurken in Kräutersauce

preiswert | Für 4 Personen | 25 Min. Zubereitungszeit
Pro Portion ca. 120 kcal, 2 g EW, 9 g F, 8 g KH

**2 Gurken (oder etwa 800 g kleine Gurken) | 1 Bund Frühlingszwiebeln | 1 Handvoll Borretschblätter (ersatzweise Rucola)
1 EL Butter | 2 TL Zucker | 100 ml Gemüsebrühe | 100 g Schmand
1 EL körniger Senf | 2 TL Zitronensaft | Salz und Pfeffer**

1 Die Gurken schälen und längs halbieren. Kerne mit einem Löffel herauskratzen und die Gurkenhälften in knapp 1 cm breite Stücke schneiden. Die Frühlingszwiebeln waschen, putzen und in feine Ringe schneiden.
Etwa 1 EL Zwiebelgrün zum Bestreuen beiseitelegen.
Die Borretschblätter waschen, trocken tupfen und mittelfein hacken.

2 Gurken und Zwiebeln in der Butter andünsten. Den Zucker darüberstreuen und leicht karamellisieren lassen. Den Borretsch unterrühren. Die Brühe angießen und die Gurken zugedeckt bei schwacher Hitze etwa 10 Min. schmoren. Dann Schmand und Senf unterrühren und kräftig aufkochen lassen. Das Gemüse mit Zitronensaft, Salz und Pfeffer abschmecken und mit dem Zwiebelgrün bestreut servieren.

Das geht auch

- Gepulte Nordseekrabben untermischen.
- Das Gemüse mit Stampfkartoffeln (s. Seite 66, ohne Majoran) essen.
- Zucchini statt Gurken nehmen, Borretsch durch Basilikum ersetzen.

Blattspinat mit Tomaten

Blitzbeilage | Für 4 Personen | 15 Min. Zubereitungszeit
Pro Portion ca. 75 kcal, 4 g EW, 6 g F, 2 g KH

**750 g Blattspinat | Salz | 250 g Tomaten
2 Knoblauchzehen | 3 Frühlingszwiebeln |1/2 Bund Petersilie
1 EL Butter | 1 EL Olivenöl | Pfeffer, frisch gemahlen**

1 Den Spinat verlesen, in stehendem kaltem Wasser mehrmals waschen, abtropfen lassen und die dicken Stiele entfernen. In einem Topf Salzwasser zum Kochen bringen, den Spinat darin bei starker Hitze zugedeckt in 1–2 Min. zusammenfallen lassen. Dann kurz kalt abschrecken und abtropfen lassen.

2 Inzwischen die Tomaten waschen und würfeln oder halbieren. Den Knoblauch schälen und in dünne Scheiben schneiden. Die Frühlingszwiebeln waschen, putzen und mit dem knackigen Grün in Ringe schneiden. Die Petersilie waschen, trocken schütteln und fein hacken.

3 Butter und Öl in einem Topf erwärmen. Tomaten mit Knoblauch und Zwiebeln darin unter Rühren 2–3 Min. braten. Den Spinat dazugeben und erwärmen. Petersilie untermischen, alles mit Salz und Pfeffer abschmecken.

Das geht auch TK-Blattspinat (450 g) nach Packungsangabe garen, abtropfen lassen und unterrühren.

Kohlrabi-Erbsen-Auflauf

1 Die Kohlrabi schälen (zartes Grün aufheben). Kohlrabi in Scheiben, diese in etwa 1/2 cm dicke Streifen schneiden. In kochendem Salzwasser etwa 1 Min. blanchieren, abschrecken und abtropfen lassen. Mit den Erbsen in einer Schüssel mischen.

2 Den Backofen auf 180° vorheizen. Die Frühlingszwiebeln waschen, putzen und mit dem knackigen Grün in feine Ringe schneiden. Die Zitronenhälfte heiß waschen und abtrocknen, die Schale fein abreiben. Mit den Zwiebelringen zum Gemüse geben und mit Salz und Pfeffer würzen.

3 Die Eier mit der Sahne verquirlen, Käse und Gemüse untermischen und die Masse abschmecken. In eine feuerfeste Form geben und mit der Butter in kleinen Würfeln belegen. Den Auflauf im Ofen (Mitte, Umluft 160°) etwa 45 Min. backen, bis er schön gebräunt ist.

Das geht auch Für einen saftigen Auflauf eignet sich so gut wie jedes Gemüse. Besonders feine Kombinationen sind:

- Zucchini, Rucola und Tomaten roh in Scheiben schneiden.
- Fenchel und Staudensellerie in Streifen schneiden und 1 Min. vorgaren. Paprikaschoten in Streifen schneiden und dazugeben.
- Spinat blanchieren, Pilze roh in Viertel schneiden und dazugeben.
- Wirsing in Streifen schneiden, Rosenkohl und Möhren in Scheiben schneiden. Alles 2 Min. blanchieren und abgetropft in die Form geben.

Küchentipp: Form fetten?

Nötig ist das Fetten der Auflaufform nicht, da der Auflauf nicht gestürzt, sondern in der Form serviert wird. Aus einer gefetteten Form lässt sich aber ein Auflauf leichter lösen und etwas Butter am Rand der Form gibt zusätzliches Aroma. Entscheiden Sie also ganz nach Lust und Laune.

einfach und preiswert
Für 4 Personen
20 Min. Zubereitungszeit
45 Min. Backzeit
Pro Portion ca.
480 kcal, 25 g EW, 36 g F, 16 g KH

- 2 Kohlrabi (etwa 500 g)
- Salz
- 300 g TK-Erbsen
- 1 Bund Frühlingszwiebeln
- 1/2 Bio-Zitrone
- Pfeffer
- 4 Eier
- 200 g Sahne
- 150 g geriebener Hartkäse (z. B. Bergkäse oder Emmentaler)
- 1 EL Butter

vegetarischer Genuss
Für 4 Personen
15 Min. Zubereitungszeit
25 Min. Garzeit
Pro Portion ca.
330 kcal, 20 g EW, 26 g F, 3 g KH

Zucchini-Frittata

- 400 g junge Zucchini
- 1 Zwiebel
- 2 Knoblauchzehen
- 3 EL Olivenöl
- Salz und Pfeffer
- 1 Bund Petersilie
- 150 g Feta
- 7 Eier

1 Die Zucchini waschen, putzen, längs vierteln und quer in dünne Scheiben schneiden. Zwiebel und Knoblauch schälen und fein hacken. 1 EL Öl in einem Topf erhitzen. Zucchini, Zwiebel und Knoblauch darin andünsten. Mit Salz und Pfeffer würzen. Zugedeckt bei schwacher Hitze etwa 2 Min. dünsten. Abkühlen lassen.

2 Die Petersilie waschen und die Blättchen fein hacken. Den Käse in Würfel schneiden oder zerkrümeln. Die Eier verquirlen, Petersilie, Käse und Zucchinimischung unterrühren, mit Salz und Pfeffer würzen.

3 2 EL Öl in einer Pfanne erwärmen. Die Eimasse hineingießen und bei schwacher Hitze in etwa 15 Min. stocken und leicht braun werden lassen. Auf einen Teller gleiten lassen, mit einem zweiten Teller bedecken, die beiden Teller zusammen umdrehen. Die Frittata mit der ungebackenen Seite nach unten in die Pfanne geben und noch etwa 10 Min. backen, bis sie schön braun ist. Warm oder abgekühlt servieren.

Partytauglich Die Frittata abgekühlt in Würfel schneiden und auf einem Teller anrichten.

Buntes Gemüsegratin

Vitamine, die schmecken
Für 4 Personen
25 Min. Zubereitungszeit
25 Min. Backzeit
Pro Portion ca.
465 kcal, 21 g EW, 38 g F, 10 g KH

Salz
300 g Brokkoli
300 g Möhren
300 g Weißkohl oder Wirsing
1 großes Bund Rucola
300 g Champignons oder Egerlinge
2 Tomaten (etwa 150 g)
200 g Crème fraîche
Pfeffer
1 TL edelsüßes Paprikapulver
200 g frisch geriebener Hartkäse (Bergkäse, Emmentaler oder Gouda)
1 EL Butter

1 Salzwasser zum Kochen bringen. Den Backofen auf 200° vorheizen. Den Brokkoli waschen und in Röschen teilen, den Stiel schälen und in Scheiben schneiden. Die Möhren schälen und etwa 1 cm groß würfeln. Den Kohl waschen und in breitere Streifen schneiden. Den Rucola waschen und grob hacken.

2 Die Möhren im kochenden Salzwasser 2 Min. garen. Brokkoli und Weißkohl dazugeben und weitere 2 Min. garen. Rucola untermischen und nur zusammenfallen lassen. Das Gemüse in ein Sieb abgießen, kalt abschrecken und abtropfen lassen. Die Pilze mit feuchtem Küchenpapier sauber abreiben, von den Stielenden befreien und je nach Größe vierteln oder in Scheiben schneiden. Die Tomaten waschen und klein würfeln.

3 Das gegarte Gemüse mit Pilzen, Tomaten und Crème fraîche mischen und mit Salz, Pfeffer und Paprika würzen. In eine feuerfeste Form geben und mit Käse bestreuen. Butter in Flöckchen auf dem Gemüse verteilen. Das Gratin im Ofen (Mitte, Umluft 180°) etwa 25 Min. backen, bis der Käse geschmolzen und schön gebräunt ist. **Dazu passen Kartoffeln, Reis oder einfach nur knusprig frisches Brot.**

Das Gratin schmeckt mit fast jedem Gemüse. Wählen Sie es je nach Jahreszeit aus und stellen Sie eine abwechslungsreiche Mischung zusammen.

Fisch und Fleisch

Sahnige Paprikasauce

blitzschnell | Für 4 Personen | 10 Min. Zubereitungszeit
Pro Portion ca. 115 kcal, 1 g EW, 11 g F, 4 g KH

200 g gehäutete Paprikaschoten (Glas) | 1/8 l Fleisch- oder Gemüsebrühe | 100 g Sahne | 1/2 Bund Petersilie | 2 TL Butter 1 TL edelsüßes Paprikapulver | 1/2 TL rosenscharfes Paprikapulver | Salz

1 Paprika grob zerschneiden und mit Brühe und Sahne fein pürieren. Petersilie waschen, Blättchen feinhacken.

2 Petersilie in der Butter andünsten. Paprikasauce dazugießen und erwärmen. Mit Paprikapulver und Salz abschmecken. **Passt zu gebratener Pute, Lamm, Schweinefleisch oder Fisch.**

Würztipp Manchmal sind Paprikaschoten aus dem Glas recht säuerlich. In diesem Fall die Sauce mit 1 Prise Zucker abrunden.

Würzige Tomatensauce

auch für Nudeln | Für 4 Personen | 10 Min. Zubereitungszeit
Pro Portion ca. 140 kcal, 2 g EW, 13 g F, 4 g KH

2 Knoblauchzehen | 1 EL Kapern | 2 EL entsteinte Oliven 1 Sardellenfilet in Öl | 4 EL Olivenöl | 1 TL getrockneter Thymian 1 Dose stückige Tomaten (400 g) | Salz und Pfeffer | Zucker

1 Den Knoblauch schälen und fein hacken. Kapern, Oliven und Sardellenfilet ebenfalls hacken.

2 Knoblauch im Öl andünsten, Kapernmischung dazugeben. Den Thymian zerrebeln, mit den Tomaten untermischen. Offen bei mittlerer Hitze 5 Min. köcheln lassen, mit Salz, Pfeffer und 1 Prise Zucker abschmecken. **Passt zu Thunfisch, Schwertfisch, Rotbarben oder Rindersteaks.**

Sommerlich Frische Tomaten nehmen und ganz klein würfeln. Sauce dann 10 Min. köcheln.

Feigen-Portwein-Sauce

fruchtig-würzig | Für 4 Personen | 2 Std. Quellzeit
10 Min. Zubereitungszeit
Pro Portion ca. 160 kcal, 2 g EW, 1 g F, 31 g KH

**4 getrocknete Feigen | 150 ml Portwein | 2 Schalotten
4 Zweige Basilikum | 1 EL Butter | 150 ml Orangensaft
3 TL mittelscharfer Senf | Salz und Pfeffer**

1 Die Feigen klein würfeln und mit Portwein mischen. 2 Std. ziehen lassen. Dann die Schalotten schälen und klein würfeln. Die Basilikumblättchen fein schneiden. Die Feigen abtropfen lassen, den Portwein auffangen.

2 Die Schalotten in der Butter bei mittlerer Hitze etwa 2 Min. dünsten. Feigen kurz mitdünsten. Portwein und Orangensaft dazugießen und 2–3 Min. köcheln lassen. Die Sauce mit Senf, Salz und Pfeffer abschmecken, Basilikum untermischen. **Passt zu Schweinefleisch und Huhn.**

Zitronen-Pilz-Sauce

erfrischend aromatisch | Für 4 Personen | 30 Min. Quellzeit
15 Min. Zubereitungszeit
Pro Portion ca. 165 kcal, 3 g EW, 13 g F, 2 g KH

**10 g getrocknete Steinpilze | 1/2 Bund Petersilie
1/2 Bio-Zitrone | 200 g frische Egerlinge, Champignons oder
Steinpilze | 2 EL Butter | 150 g Sahne | Salz und Pfeffer**

1 Die Steinpilze in 1/8 l lauwarmem Wasser 30 Min. quellen lassen. Herausnehmen und fein schneiden. Das Einweichwasser durch eine Kaffeefiltertüte gießen.

2 Die Petersilie waschen, die Blättchen hacken. Die Zitrone waschen, die Schale fein abreiben, den Saft auspressen. Die frischen Pilze putzen und klein würfeln.

3 Alle Pilze in der Butter andünsten. Petersilie und Zitronenschale unterrühren. Pilzwasser und Sahne dazugeben, die Sauce offen etwa 5 Min. köcheln lassen. Mit Salz, Pfeffer und 1 EL Zitronensaft abschmecken. **Passt zu Huhn und zu Zander-, Schollen- oder Rotbarschfilet.**

Lachsfilet
mit Gurken-Meerrettich-Sauce

aromastark
Für 4 Personen
20 Min. Zubereitungszeit
Pro Portion ca.
455 kcal, 31 g EW, 35 g F, 3 g KH

- 4 Lachsfilets (à etwa 150 g)
- Salz
- 1 kleinere Salatgurke (etwa 250 g)
- 1 Schalotte
- 2 EL Butter
- 100 g Crème fraîche
- 50 ml trockener Weißwein oder Fischfond
- 1 Stück frischer Meerrettich (etwa 2 cm lang)
- 2 TL Weißwein- oder Apfelessig
- Zucker
- 1/2 Bund Schnittlauch

1 Die Lachsfilets leicht salzen. Die Gurke schälen, der Länge nach halbieren und die Kerne herauskratzen. Die Gurkenhälften in kleine Würfel schneiden. Die Schalotte schälen, halbieren und in feine Streifen schneiden.

2 Die Butter in einer Pfanne zerlaufen lassen. Die Fischfilets darin bei starker Hitze pro Seite 1 Min. braten und wieder herausnehmen.

3 Gurke und Schalotte ins Bratfett geben und unter Rühren bei mittlerer Hitze etwa 2 Min. braten. Crème fraîche und Wein untermischen. Den Meerrettich schälen und in die Sauce reiben. Die Sauce mit dem Essig, Salz und 1 Prise Zucker abschmecken. Die Fischfilets hineinlegen und auf der Sauce zugedeckt in 2–3 Min. erhitzen und fertig garen.

4 Inzwischen den Schnittlauch waschen und trocken schütteln. In feine Röllchen schneiden und vor dem Servieren auf den Fisch streuen.

Variante: Zanderfilets auf Paprikakohl
500 g Weißkohl waschen und in feine Streifen schneiden. 1 Zwiebel schälen, halbieren und ebenfalls in Streifen schneiden. Beides in 1 EL Butter andünsten. Mit 1/8 l Gemüsebrühe aufgießen, mit Salz und je 1 TL edelsüßem und rosenscharfem Paprikapulver würzen und zugedeckt bei mittlerer Hitze in etwa 7 Min. bissfest dünsten. 150 g Sahne unterrühren. 4 Zanderfilets (à etwa 160 g) salzen, pfeffern und auf das Gemüse legen. Mit 1 EL Butter in Flöckchen belegen und zugedeckt bei schwacher Hitze in etwa 5 Min. auf dem Kohl gar ziehen lassen.

Küchentipp: Fischfilets dünsten
Ob in wenig Flüssigkeit oder auf Gemüse, Dünsten ist eine ideale Zubereitungsart für Fischfilets. Sie bleiben schön saftig und sind im Handumdrehen fertig. Sie können die Filets vorher kurz anbraten oder einfach nur auf Sauce oder Gemüse gar ziehen lassen. Sehr dünne Fischfilets wie Scholle sind schon nach 2 Min. gar, dickere brauchen 4–5 Min. Ganze kleine Fische können Sie nach etwa 10 Min. aus dem Topf heben; ganze größere Fische brauchen nicht nur einen ausreichend großen länglichen Topf, sondern auch 20–25 Min. Garzeit.

unschlagbar einfach
Für 4 Personen
35 Min. Zubereitungszeit
Pro Portion ca.
275 kcal, 30 g EW, 15 g F, 3 g KH

Forellen in Kräutersauce

4 Forellen (à etwa 250 g, ersatzweise Saiblinge oder Renken)
Salz und Pfeffer
2 Stangen Staudensellerie
1 Bund gemischte Kräuter (z. B. Petersilie, Borretsch, Zitronenmelisse, Kerbel und Sauerampfer)
je 1 Zweig Rosmarin, Thymian und Oregano
1 Bio-Zitrone
50 g Butter
1/4 l Gemüsebrühe

1 Die Forellen innen und außen kalt abspülen und trocken tupfen. Mit Salz und Pfeffer würzen.

2 Den Sellerie waschen, putzen und sehr fein hacken. Die Kräuter waschen, trocken schütteln und ohne die Stiele ebenfalls sehr fein hacken. Die Zitrone waschen, abtrocknen und die Hälfte der Schale dünn (ohne die weiße Haut) abschneiden. Die Schale fein hacken, den Saft auspressen.

3 In zwei Pfannen mit Deckel je 1 EL Butter zerlaufen lassen. Die Forellen darin anbraten, wenden und nochmals kurz braten. Kräuter und Sellerie neben den Forellen verteilen. Zitronenschale und -saft mit der Gemüsebrühe verrühren und in die Pfannen gießen. Zudecken und die Fische bei schwacher Hitze etwa 10 Min. garen.

4 Die Forellen aus den Pfannen nehmen und warm halten. Den Garsud zusammengießen. Die restliche Butter in Würfel schneiden und unterschlagen. Mit Salz und Pfeffer abschmecken und zu den Forellen servieren. **Dazu passen Salzkartoffeln.**

Gedämpfter Fisch
mit Knoblauchtomaten

mediterran und leicht
Für 4 Personen
15 Min. Zubereitungszeit
Pro Portion ca.
265 kcal, 35 g EW, 8 g F, 10 g KH

8 Knoblauchzehen
8 getrocknete, in Öl eingelegte Tomaten
2 Zweige Rosmarin
1/2 Orange
2 EL Olivenöl
4 Fischfilets (à etwa 180 g, z. B. Lachsforelle, Seelachs oder Zander)
Salz und Pfeffer
1/8 l trockener Weißwein oder Fischfond

1 Den Knoblauch schälen und in dünne Scheiben schneiden. Die Tomaten abtropfen lassen und in Streifen schneiden. Den Rosmarin waschen und trocken schütteln. Die Nadeln abzupfen und hacken. Die Orangenhälfte so schälen, dass auch die weiße Haut mit entfernt wird. Das Fruchtfleisch in Würfel schneiden, dabei den Saft auffangen.

2 Knoblauch, Tomaten, Rosmarin sowie Orangenstücke und -saft mit dem Olivenöl verrühren. Die Fischfilets salzen und pfeffern, nebeneinander in einen Dämpfeinsatz legen. Die Knoblauchmischung darauf verteilen.

3 Den Wein mit 1/8 l Wasser in einem Topf zum Kochen bringen. Den Fisch im Einsatz darüberstellen und bei starker Hitze zugedeckt etwa 5 Min. dämpfen. Den Garsud abschmecken und mit dem Fisch servieren. **Dazu passen Kartoffeln.**

Küchentipp: Fisch dämpfen

Das Prinzip ist simpel: Im Topf ist heiße Flüssigkeit (Fond, Wein oder aromatisiertes Wasser), in deren Dampf der Fisch schonend gart. Damit er über dem Sud bleibt, liegt er in einem Dämpfeinsatz. Man kann auch einen Teller oder eine Platte nehmen. Dann eine hitzefeste Tasse umgedreht in den Topf stellen, die Flüssigkeit angießen und heiß werden lassen. Den Teller oder die Platte auf die Tasse stellen, zudecken und den Fisch dämpfen. Gedämpft wird bei starker Hitze, deshalb braucht man ausreichend Flüssigkeit, da ein Teil davon verkocht. Bei kurzen Garzeiten mindestens 1/8 l Flüssigkeit, bei längeren das Doppelte bis Dreifache.

Dämpfzeiten für Fisch Dünne Fischfilets sind nach 3–4, dickere nach 5–6 Min. gar. Ganze kleine Fische brauchen um die 10, ganze größere Fische 15–20 Min., bis sie durch sind. Und: Die Garflüssigkeit immer als Sauce verwenden.

Da ist die Beilage gleich dabei: Kartoffeln und Gemüse dienen dem Fisch als feine Unterlage.

Wacholderfisch
auf Gemüsestreifen

preiswert und einfach
Für 4 Personen
20 Min. Zubereitungszeit
8 Min. Backzeit
Pro Portion ca.
420 kcal, 37 g EW, 23 g F, 17 g KH

400 g festkochende Kartoffeln
200 g Möhren
1 Stange Lauch
1 Fenchelknolle
Salz und Pfeffer
1/2 Bio-Zitrone
3 TL Wacholderbeeren
100 g weiche Butter
4 Fischfilets (z. B. Seebarsch, Zander oder Seelachs, à etwa 180 g)

1 Die Kartoffeln und die Möhren schälen und in feine Stifte schneiden (das geht am schnellsten in der Küchenmaschine mit Julienneraspeleinsatz). Den Lauch putzen, der Länge nach aufschlitzen, gründlich waschen und in feine Streifen schneiden. Den Fenchel waschen, putzen und ebenfalls fein schneiden.

2 Den Backofen auf 220° (Umluft 200°) vorheizen. In einem Topf Salzwasser zum Kochen bringen. Die Gemüsestreifen darin etwa 4 Min. kochen lassen, in einem Sieb abtropfen lassen und in einer feuerfesten Form verteilen. Mit Salz und Pfeffer würzen.

3 Die Zitronenhälfte waschen und abtrocknen, die Schale fein abreiben. Die Wacholderbeeren mit der Klinge eines breiten Messers oder im Mörser fein zerdrücken. Beides mit Salz und Pfeffer unter die Butter kneten.

4 Die Fischfilets eventuell kleiner schneiden. Auf einer Seite leicht salzen und pfeffern, nebeneinander mit diesen Seiten nach unten auf dem Gemüse anrichten. Butter in Stücken daraufsetzen. Im Ofen (Mitte) etwa 8 Min. garen. **Dazu passen außerdem frisches (Vollkorn)Baguette und eventuell ein Salat.**

Für mehr Dieses Gericht kann man super für richtig viele Leute zubereiten: Ein Backblech fetten oder mit Backpapier auslegen, das Gemüse darauf verteilen und die Fischfilets nebeneinander darauflegen. Wie beschrieben mit der würzigen Butter belegen und abgedeckt stehen lassen, bis alle Gäste da sind. Dann nur noch in den Ofen schieben und entspannt genießen.

viel Aroma für zartes Fleisch
Für 4 Personen
40 Min. Zubereitungszeit
2 Std. Marinierzeit
Pro Portion ca.
535 kcal, 47 g EW, 23 g F, 36 g KH

Putenschnitzel
mit frischer Gurkensauce

2 Wacholderbeeren
1/2 Bio-Zitrone
4 Salbeiblättchen
1 TL Kapern
2 TL scharfer Senf
2 EL Olivenöl
4 dünne Putenschnitzel (je etwa 150 g)
1/2 Salatgurke
Salz und Pfeffer
1/2 Bund Dill
2 TL Weißwein- oder Apfelessig
150 g saure Sahne
3 EL Mehl | 2 Eier
150 g Semmelbrösel
3 EL Butterschmalz (oder eine Mischung aus Öl und Butter)

1 Wacholderbeeren fein hacken. Zitrone heiß waschen und abtrocknen, Schale abreiben, Saft auspressen. Salbeiblättchen waschen und mit den Kapern sehr fein hacken. Alles mit Senf und Öl verrühren. Putenschnitzel in eine Schale legen, mit der Mischung bedecken und mindestens 2 Std. im Kühlschrank marinieren. Dabei einmal wenden.

2 Die Gurke waschen oder schälen, längs halbieren und mit einem Löffel entkernen. In kleine Würfel schneiden und mit Salz mischen, 10 Min. stehen lassen. Dill waschen und trocken schütteln, fein hacken. Flüssigkeit von den Gurken abgießen. Gurken, Dill und Essig mit saurer Sahne mischen, salzen und pfeffern.

3 Putenschnitzel salzen und pfeffern. Mehl auf einen Teller geben. Eier auf einem zweiten leicht verquirlen, Semmelbrösel auf einen dritten geben. Schnitzel erst im Mehl, dann in den Eiern und zum Schluss in den Semmelbröseln wenden. Schnitzel im heißen Butterschmalz bei mittlerer Hitze pro Seite 2–3 Min. braten, bis die Panade schön gebräunt ist. Mit der Gurkensauce essen. **Dazu schmecken außerdem Bratkartoffeln oder einfach Brot.**

Würzen Sie eine Sauce mal anders als gewohnt – schon wird aus einem schnellen Schnitzel ein aufregendes Geschmackserlebnis.

Minutenschnitzel
mit Orangensahne

würzig-fruchtig
Für 4 Personen
20 Min. Zubereitungszeit
Pro Portion ca.
350 kcal, 33 g EW, 23 g F, 2 g KH

600 g Schweinefilet (oder dünne Schnitzel nach Geschmack von Kalb oder Pute)
Salz und Pfeffer
1/2 Bio-Orange
1 1/2 EL Butter
1 1/2 EL Öl
75 ml Brühe, Sherry oder Weißwein
150 g Sahne
1/4 TL Zimtpulver
1/2 TL Chilipulver

1 Den Backofen auf 70° vorheizen und eine Platte hineinstellen. Das Filet schräg in dünne Scheiben schneiden. Mit Salz und Pfeffer würzen. Orange abwaschen und abtrocknen, Schale fein abreiben oder dünn abschneiden und fein hacken.

2 Butter und Öl in einer großen Pfanne heiß werden lassen. Fleischscheiben darin bei starker Hitze pro Seite 1/2 Min. braten, auf die Platte in den warmen Ofen legen.

3 Bratfond mit der Brühe ablöschen, Sahne, Orangenschale, Zimt und Chili zugeben und aufkochen lassen. Sauce mit Salz und Pfeffer abschmecken und über die Fleischscheiben geben. Sofort servieren. **Dazu passen Bandnudeln oder Reis.**

Fleisch braten Das Wichtigste passiert schon vor dem Garen, nämlich das Einkaufen von qualitativ wirklich hochwertigem Fleisch. Aber auch beim Braten von Fleisch gibt es ein paar Dinge zu beachten, damit das gute Stück ein echter Genuss wird. Das Fleisch sollte nicht direkt aus dem Kühlschrank kommen, damit der Temperaturunterschied kein Schock wird. Also alles außer Hackfleisch 30 Min. vorher herausnehmen. Dünne Fleischscheiben dann bei starker Hitze braten, dickere nicht ganz so heiß. Und immer erst die Pfanne anheizen, dann das Fett darin wärmen. Dickeren Fleischstücken wie Steaks nach dem Garen noch ein bisschen Ruhe gönnen.

Fleischpflanzerl vom Kalb
mit Kapern und Sardellen

Klassiker in neuer Form
Für 4 Personen
30 Min. Zubereitungszeit
Pro Portion ca.
270 kcal, 28 g EW, 14 g F, 8 g KH

- 3 Scheiben Toastbrot
- 2 Frühlingszwiebeln
- 1/2 Bio-Zitrone
- 4 Sardellenfilets in Öl
- 1 EL Kapern
- 1/2 Bund Basilikum
- 400 g Hackfleisch vom Kalb
- 2 Eier
- 2 TL scharfer Senf
- Salz und Pfeffer
- 2 EL Olivenöl

Einkaufstipp: Hackfleisch Besondere Fleischsorten wie Kalb oder Lamm bieten nicht viele Metzger als Hackfleisch an. Fragen Sie nach, ob Ihr Metzger Ihnen das Fleisch auch frisch durchdreht, manche machen das erst kurz vor Ladenschluss, also bevor sie die Maschine reinigen. Wer keinen willigen Metzger findet, schneidet das Fleisch selber mit einem großen schweren Messer sehr fein.

1 Das Toastbrot entrinden und in lauwarmem Wasser einweichen. Die Frühlingszwiebeln waschen, putzen und mit dem knackigen Grün in feine Ringe schneiden. Die Zitronenhälfte heiß waschen und abtrocknen, die Schale fein abreiben. Die Sardellenfilets und die Kapern fein hacken. Die Basilikumblättchen ebenfalls hacken.

2 Das Brot ausdrücken und fein zerkrümeln, mit den zerkleinerten Zutaten, dem Fleisch, den Eiern, dem Senf, Salz und Pfeffer gründlich durchkneten, bis der Fleischteig gut zusammenhält. Aus dem Fleischteig 8 gut 1 cm dicke Pflanzerl formen.

3 In einer großen Pfanne das Öl erhitzen. Die Fleischpflanzerl darin bei mittlerer Hitze pro Seite 5–6 Min. braten. Frisch servieren. **Dazu passen Bratkartoffeln oder Brot und ein gemischter Salat.**

Varianten
Lammpflanzerl mit Koriander und Datteln

1 altbackenes Brötchen in lauwarmem Wasser einweichen. 4 Datteln klein würfeln. 1 kleine Zwiebel und 2 Knoblauchzehen schälen und fein hacken. Je 1/2 Bund Koriandergrün und Minze waschen, trocken schütteln und die Blättchen fein hacken. Brötchen ausdrücken und fein zerkrümeln, mit den zerkleinerten Zutaten, 400 g Lammhackfleisch, 2 Eiern, je 1 TL edelsüßem und rosenscharfem Paprika, Ras-el-hanout und gemahlenem Koriander sowie Salz nach Geschmack gründlich durchkneten und zu 8 Pflänzchen formen. In einer großen Pfanne in 2 EL Butter und 1 EL Olivenöl bei mittlerer Hitze pro Seite etwa 5 Min. braten.

Fleischpflanzerl mit Oliven, Tomaten und Gorgonzola

1 altbackenes Brötchen in Wasser einweichen. 4 Knoblauchzehen schälen und fein hacken. 8 getrocknete, in Öl eingelegte Tomaten und 1 EL schwarze entsteinte Oliven fein schneiden. 1/2 Bund Petersilie waschen und fein hacken. Brötchen ausdrücken und fein zerkrümeln, mit den zerkleinerten Zutaten, 400 g Rinderhackfleisch, 2 Eiern, Salz und Pfeffer gründlich durchkneten. 80 g Gorgonzola in 8 gleich große, flache Stücke schneiden. Fleischteig in 8 Portionen teilen und flach drücken. Mit je 1 Stück Käse belegen, das Fleisch über dem Käse zu einem Pflanzerl formen. Die Fleischpflanzerl in 2 EL Olivenöl bei mittlerer Hitze pro Seite etwa 6 Min. braten. Frisch servieren.

Gemüse-Wok
mit feinem Filet

Gemüse nach Saison wählen
Für 4 Personen
20 Min. Zubereitungszeit
Pro Portion ca.
375 kcal, 36 g EW, 23 g F, 6 g KH

- 1 Stange Lauch
- 1 Stange Staudensellerie
- 1 dicke Möhre
- 150 g Austernpilze oder Champignons
- 1 rote Zwiebel
- 600 g Fleisch zum Kurzbraten (Rinderlende oder -filet, Schweine- oder Kalbsfilet bzw. -schnitzel, Huhn oder Pute)
- 2 Knoblauchzehen
- 1/2 Bund Basilikum
- 1 getrocknete Chilischote
- 4 EL neutrales Öl
- 1 EL Currypulver | Salz
- 150 ml Hühner- oder Gemüsebrühe
- 2 EL Crème fraîche
- 1 EL Limetten- oder Zitronensaft

1 Das Gemüse waschen oder schälen und putzen, den Lauch dabei längs aufschneiden, dann in Streifen schneiden. Selleriegrün beiseite legen, die Selleriestange in dünne Scheiben schneiden. Die Möhre in Scheiben, dann in Stifte schneiden, die Pilze in dickere Scheiben teilen. Die Zwiebel halbieren und in knapp 1 cm breite Streifen schneiden.

2 Das Fleisch eventuell von Sehnen befreien, dann ebenfalls in Streifen schneiden. Den Knoblauch schälen, die Basilikumblättchen abzupfen. Beides mit der Chilischote sehr fein hacken.

3 Den Wok erhitzen, das Öl darin heiß werden lassen. Gemüse mit Pilzen und Zwiebel darin unter Rühren in etwa 4 Min. bissfest garen. An den Wokrand schieben, das Fleisch in der Wokmitte etwa 1 Min. braten.

4 Das Currypulver darüberstäuben und gut anbraten. Salzen und Brühe dazugießen. Die Knoblauchmischung mit der Crème fraîche unterrühren, mit Limettensaft abschmecken und eventuell noch etwas salzen. Selleriegrün grob hacken und vor dem Servieren aufstreuen. **Dazu passen Duftreis oder Reisnudeln.**

Ein saftiges und feines Gericht, das man ganz stressfrei vorbereiten und garen kann. Der große Vorteil dabei: Hauptsache und Beilage werden zusammen zubereitet.

Hühnerkeulen
auf Paprika-Lauch-Kartoffeln

1 Den Knoblauch schälen und durch die Presse drücken. Die Zitronenhälfte waschen und abtrocknen, die Schale fein abreiben, den Saft auspressen. Die Chilischote gegebenenfalls waschen, vom Stiel befreien und sehr fein hacken. Thymian waschen, trocken schütteln und die Blättchen von den Stielen streifen.

2 Den Backofen auf 200° vorheizen. Knoblauch, Zitronenschale und 1 EL Zitronensaft, Honig, Chili und Thymian mit 2 EL Olivenöl verrühren und salzen. Die Hühnerkeulen waschen, trocken tupfen und mit der Mischung einreiben.

3 Die Kartoffeln schälen, waschen und achteln oder vierteln. Den Lauch putzen, längs aufschlitzen und gründlich waschen. In etwa 1 cm breite Stücke schneiden. Die Paprika waschen, halbieren, putzen und in breite Streifen schneiden.

4 Kartoffeln, Lauch und Paprika mit Fenchelsamen und 2 EL Öl in einer feuerfesten Form mischen und salzen. Die Hühnerkeulen nebeneinander darauflegen und alles im Ofen (Mitte, Umluft 180°) etwa 40 Min. garen, bis das Hähnchenfleisch gar und leicht braun ist. Dabei nach der Hälfte der Zeit die Hühnerkeulen wenden und das Gemüse durchrühren.

Küchentipp: Hühnerfleisch garen

Immer wieder liest man über Salmonellengefahr bei Geflügel. Wichtig sind deswegen Hygiene beim Vorbereiten und richtiges Garen: Hühner- und Putenfleisch muss immer vollständig durchgegart und darf nicht mehr rosa sein. Zur Probe in die dickste Stelle der Keulen stechen, es muss klarer Fleischsaft auslaufen. Ist er noch rötlich, die Keulen etwas länger garen.

auch für viele

Für 4 Personen
30 Min. Zubereitungszeit
40 Min. Backzeit
Pro Portion ca.
620 kcal, 35 g EW, 43 g F, 32 g KH

4 Knoblauchzehen
1/2 Bio-Zitrone
1 rote Chilischote nach Belieben
4 Zweige Thymian
1/2 TL Honig
4 EL Olivenöl
Salz
4 Hühnerkeulen mit Schulterteil (à etwa 330 g)
800 g festkochende Kartoffeln
2 dicke Stangen Lauch
je 1 rote, gelbe und grüne Paprikaschote
1 TL Fenchelsamen

fruchtig-frisch
Für 4 Personen
25 Min. Zubereitungszeit
Pro Portion ca.
350 kcal, 34 g EW, 18 g F, 13 g KH

Leber mit Zwiebeln
und Sauerkirschen

- 1 große rote Zwiebel
- 2 Knoblauchzehen
- 1/2 rote Chilischote
- 2 EL Butter
- 2 EL Olivenöl
- 700 g Kalbsleber
- 200 g Sauerkirschen (aus dem Glas)
- 1 EL Aceto balsamico
- Salz und Pfeffer
- Zucker

1 Die Zwiebel schälen, vierteln und in feine Streifen schneiden. Den Knoblauch schälen und in dünne Scheiben schneiden. Chili waschen und fein hacken.

2 In einem Topf je 1 EL Butter und Öl erhitzen, Zwiebel mit Knoblauch und Chili darin bei schwacher Hitze etwa 10 Min. dünsten, dabei ab und zu durchrühren.

3 Inzwischen die Kalbsleber in dünne Scheiben schneiden. In einer Pfanne je 1 EL Butter und Öl erhitzen, die Leber darin unter Rühren bei mittlerer Hitze etwa 5 Min. braten.

4 Die Kirschen zu den Zwiebeln geben und erhitzen, mit dem Balsamico, Salz, Pfeffer und 1 Prise Zucker abschmecken. Die Leber ebenfalls salzen und pfeffern, mit den Kirschzwiebeln bedecken und servieren. **Dazu passt Kartoffelpüree.**

Das geht auch Frische Sauerkirschen (gibt's im Hochsommer) waschen und entsteinen, im eigenen Saft zugedeckt bei schwacher Hitze etwa 10 Min. garen. Je nachdem, wie sauer sie sind, mit 1–2 EL Zucker süßen. Dann wie beschrieben weitermachen.

Auch wenn die Garzeit lang erscheint – Ragouts machen kaum Arbeit und bekommen ihr feines Aroma fast von selbst.

Ragout vom Schwein
mit Kräutern

1 Die Kräuter kalt abbrausen, trocken schütteln und ohne die Stiele grob hacken. Den Knoblauch schälen und in dickere Scheiben schneiden. Das Fleisch von größeren Fettstücken und Sehnen befreien und in mundgerechte Würfel schneiden.

2 Das Öl in einem Schmortopf erhitzen. Das Fleisch darin in drei Portionen anbraten und jeweils wieder herausnehmen. Wenn alles Fleisch angebraten ist, Knoblauch, Kräuter und Fenchelsamen im Fett andünsten, nach Belieben mit dem Noilly Prat ablöschen.

3 Wein oder Brühe angießen. Das Fleisch wieder untermischen und mit Paprika, Salz und Pfeffer nicht zu kräftig würzen (der Sud kocht noch ein). Fleisch zugedeckt bei schwacher Hitze in etwa 1 Std. weich kochen. Dabei ab und zu umrühren und bei Bedarf noch etwas Flüssigkeit angießen.

4 Die Zitrone heiß waschen und abtrocknen, die Schale dünn abschneiden. Die Basilikumblättchen abzupfen und mit der Zitronenschale fein hacken. Unter das Fleisch mischen, abschmecken und servieren. **Dazu passen Rosmarinkartoffeln, Ofenkartoffeln oder einfach nur frisches Baguette.**

Für 4 Personen
20 Min. Zubereitungszeit
1 Std. Schmorzeit
Pro Portion ca.
725 kcal, 35 g EW, 58 g F, 5 g KH

je 3 Zweige Salbei und Rosmarin
1/4 Bund Thymian
5 Knoblauchzehen
800 g Schweinefleisch zum Schmoren (s. Tipp unten)
4 EL Olivenöl
1 gehäufter TL Fenchelsamen
2 EL Noilly Prat nach Belieben
1/4 l trockener Weißwein oder Fleischbrühe
2 TL edelsüßes Paprikapulver
Salz und Pfeffer
1/4 Bio-Zitrone
1/4 Bund Basilikum

Küchentipp: Das richtige Fleisch zum Schmoren

Da die Garzeiten lang sind, muss es nicht das edelste Stück vom Tier sein. Ideal sind Schulter, Hals, Keule, Brust-spitze oder auch Oberschale. Gut ist in jedem Fall, wenn das Fleisch nicht zu mager ist, dann kann man es beliebig lange schmoren, ohne dass die Stücke trocken werden. Größere Fettstücke aber vorher abschneiden.

Süßes

Rhabarberkompott mit Vanille

frühlingszart | Für 4 Personen | 15 Min. Zubereitungszeit
Pro Portion ca. 94 kcal, 1 g EW, 0 g F, 21 g KH

**600 g Rhabarber | 1 Vanilleschote | 50 g Zucker
2 EL Ahornsirup | 1 TL Zitronensaft | 1 Prise Zimtpulver**

1 Den Rhabarber waschen und die Enden abschneiden, Fäden dabei abziehen. Rhabarber in 1 cm dünne Scheiben schneiden. Die Vanilleschote längs aufschneiden und das Mark mit dem Messerrücken herauskratzen.

2 Rhabarber, Vanilleschote und -mark mit Zucker und 125 ml Wasser zum Kochen bringen und bei mittlerer Hitze 5 Min. köcheln lassen. In eine Schüssel füllen, mit Ahornsirup, Zitronensaft und Zimt abschmecken. Warm oder abgekühlt servieren, davor die Vanilleschote entfernen. **Passt zu Grießschnitten, Dampfnudeln, Kaiserschmarren oder Pfannkuchen.**

Mangosalat mit Limettensirup

exotisch | Für 4 Personen | 20 Min. Zubereitungszeit
Pro Portion ca. 110 kcal, 1 g EW, 1 g F, 26 g KH

**2 Bio-Limetten | 50 g brauner Zucker | 2 EL Rum nach Belieben
1 große oder 2 kleinere reife Mangos**

1 Die Limetten heiß waschen und abtrocknen, die Schale von 1 Limette abreiben. Beide Limetten auspressen. Etwa 50 ml Limettensaft mit dem Zucker, dem Rum und 100 ml Wasser zum Kochen bringen und 8–10 Min. offen köcheln lassen, bis die Masse dickflüssig wird. Abkühlen lassen.

2 Mangos schälen. Das Fruchtfleisch von den Kernen schneiden, klein würfeln und mit der Limettenschale unter den Sirup rühren. **Passt zu Kaiserschmarrn, Milchreis und Quarknockerln, auch zu Schoko-Chili-Mousse (s. Seite 184).**

Zwetschgen-Mohn-Sauce

aromatisch | Für 4 Personen | 15 Min. Zubereitungszeit
25–30 Min. Garzeit
Pro Portion ca. 210 kcal, 5 g EW, 8 g F, 27 g KH

500 g Zwetschgen | 1/2 Bio-Zitrone | 50 g Zucker
1 Päckchen Vanillezucker | 1 Stück Zimtstange | 2 Gewürznelken
80 g Mohnsamen

1 Zwetschgen waschen, halbieren, entsteinen und würfeln. Zitrone heiß waschen und abtrocknen. 1 Stück Schale abschneiden, Saft auspressen. Zucker, Zitronenschale, Vanillezucker, 1/4 l Wasser, Zimt und Nelken offen 5 Min. köcheln lassen. Zwetschgen und Mohn dazugeben und zugedeckt etwa 30 Min. köcheln, bis die Zwetschgen fast zerfallen. Dabei eventuell noch etwas Wasser angießen.

2 Zimt, Zitronenschale und Nelken herausfischen, die Sauce mit 1/2 EL Zitronensaft und eventuell noch etwas Zucker abschmecken. Warm oder abgekühlt servieren. **Passt zu Couscousschnitten (s. Seite 100), Milchreis oder Grießbrei.**

Aprikosen-Orangen-Kompott

winterlich | Für 4 Personen | 30 Min. Quellzeit
20 Min. Zubereitungszeit
Pro Portion ca. 245 kcal, 3 g EW, 0 g F, 52 g KH

150 g getrocknete Aprikosen | 6 Orangen | 1 Stück Zimtstange
1 getrocknete Chilischote | 2 Kardamomkapseln
1 Päckchen Vanillezucker | 50 g Honig

1 Aprikosen klein würfeln. 1 Orange auspressen, Saft, Zimt, Chili und Kardamom zu den Aprikosen geben und etwa 1 Min. kochen. 30 Min. quellen lassen. 5 Orangen filetieren (s. Seite 88, Schritt 1), Saft dabei auffangen.

2 Zimt, Chili und Kardamom aus den Aprikosen fischen. Orangenfilets, -saft, Vanillezucker und Honig dazugeben und bei schwacher Hitze etwa 5 Min. köcheln lassen, abkühlen lassen. **Passt zu Kaiserschmarren, Grießschnitten, Milchreis oder Semmelauflauf.**

saftig, aromatisch und gesund
Für 4 Personen
25 Min. Zubereitungszeit
1 Std. Ruhezeit
Pro Portion ca.
540 kcal, 18 g EW, 22 g F, 68 g KH

1 l Milch
20 g Butter
Salz
50 g Zucker
1 TL Ras-el-hanout (marokkanische Gewürzmischung, Asien- oder Gewürzladen)
250 g Couscousgrieß
2 Eier
30 g Butterschmalz

Gebratene Couscousschnitten

1 Die Milch mit der Butter, 1 Prise Salz, Zucker und Ras-el-hanout zum Kochen bringen. Den Couscous einrühren und bei schwacher Hitze unter Rühren in etwa 10 Min. dick ausquellen lassen.

2 Den Couscous in eine Schüssel umfüllen und ein paar Min. abkühlen lassen. Dann die Eier unterrühren und die Masse etwa 1 cm dick auf eine Platte streichen. Mindestens 1 Std. abkühlen lassen.

3 Den Couscous in etwa 4 x 8 cm große Stücke schneiden. In einer großen Pfanne oder in zwei Pfannen Butterschmalz schmelzen. Die Grießschnitten darin bei mittlerer Hitze pro Seite in 2–3 Min. goldbraun braten. **Dazu passt Kompott oder Obstsalat.**

Das geht auch Den Zucker und das Ras-el-hanout weglassen. Couscous mit mehr Salz, etwas Muskat und Pfeffer würzen. Nach dem Braten mit Gemüse oder mit gemischtem Salat servieren.

Mascarpone-Nuss-Schmarrn

wunderbar saftig
Für 4 Personen
30 Min. Zubereitungszeit
Pro Portion ca.
945 kcal, 19 g EW, 73 g F, 55 g KH

- 1 Bio-Zitrone
- 4 Eier
- 50 g Zucker
- Salz
- 500 g Mascarpone
- 100 g Mehl
- 100 g Weichweizengrieß
- 2 EL Butter
- 3 EL Mandelblättchen
- Puderzucker zum Bestäuben

1 Die Zitrone heiß waschen und abtrocknen, die Schale fein abreiben. 2 Eier trennen. Die Eigelbe mit den 2 ganzen Eiern, dem Zucker, 1 Prise Salz und der Zitronenschale schaumig schlagen. Den Mascarpone unterrühren.

2 Mehl und Grieß mischen und unterrühren. Die Eiweiße steif schlagen und unterheben.

3 Die Butter in zwei Pfannen gleichzeitig zerlassen. Die Hälfte der Mandelblättchen hineinstreuen und den Teig einfüllen, die übrigen Mandelblättchen darauf verteilen. Bei mittlerer Hitze etwa 10 Min. backen. Dann wenden und kurz weiterbraten.

4 Den Teig in der Pfanne mit zwei Holzlöffeln in Stücke reißen und unter Rühren noch etwa 5 Min. backen, bis der Schmarrn schön knusprig ist. Vor dem Servieren mit Puderzucker bestäuben. **Dazu passt Kompott oder Apfelmus.**

Küchentipp: In einer Pfanne backen
Wenn Sie nur 1 große Pfanne haben: Die Zutaten nacheinander zubereiten und den gebackenen Schmarrn im Backofen bei 60° warm halten.

Das geht auch Statt Mandelblättchen je 1 EL Pistazien-, Pinien- und Kürbiskerne nehmen, diese vor dem Einstreuen mittelfein hacken.
Den Mascarpone können Sie durch eine Mischung aus Crème fraîche und Quark oder Schichtkäse ersetzen.
Wer dem Schmarrn eine exotische Note geben will, ersetzt die Zitronenschale durch Limettenschale und gibt zusätzlich etwa 1 TL sehr fein gehackten Ingwer an den Teig.

Mehlspeisenklassiker mit Pep: Mascarpone sorgt für säuerliche Saftigkeit, Nüsse bringen besonders viel Aroma mit.

Milchreis
mit Vanille und Pfirsichen

sommerlich
Für 4 Personen
30 Min. Zubereitungszeit
Pro Portion ca.
695 kcal, 19 g EW, 17 g F, 113 g KH

- **1 Vanilleschote**
- **350 g Milch- oder Risottoreis**
- **1 1/2 l Milch**
- **60 g Zucker**
- **Salz**
- **4 Pfirsiche**
- **1/2 Bio-Zitrone**
- **2 EL Butter**

1 Die Vanilleschote der Länge nach aufschlitzen und das Mark mit dem Messerrücken herausschaben. Den Milchreis in einem Sieb kalt abspülen.

2 Die Milch mit Vanilleschote und -mark, dem Zucker, 1 Prise Salz und dem Reis in einem Topf erhitzen. Zugedeckt bei schwacher Hitze etwa 15 Min. garen.

3 Inzwischen die Pfirsiche mit kochendem Wasser überbrühen, kurz ziehen lassen, kalt abschrecken und häuten. Die Pfirsiche halbieren, vom Stein befreien und in kleine Würfel schneiden. Unter den Reis mischen und etwa 5 Min. weitergaren, bis der Reis gar ist. Dabei ab und zu umrühren, damit nichts anbrennt. Bei Bedarf noch etwas Milch oder Wasser unterrühren.

4 Die Zitronenhälfte heiß waschen und abtrocknen, die Schale fein abreiben. Die Butter in kleine Würfel schneiden und mit der Zitronenschale unter den Reis ziehen. Warm servieren.

Das geht auch Die Pfirsichsaison dauert nur ein paar Monate. Wer den Milchreis in den übrigen Monaten zubereiten will, nimmt Pfirsiche aus der Dose. Am besten schwach gezuckerte wählen oder aber die Zuckermenge, die zum Reis kommt, etwas reduzieren.

Einkaufstipp: Vanille

Ganz klar, das beste Aroma steckt immer noch im Mark der Vanilleschote. Wer da die Wahl hat, nimmt immer die fleischigere Schote, besonders fein ist Tahiti-Vanille. Im Naturkost- und Gewürzladen bekommt man auch Vanillepulver. Das wird aus den ganzen Vanilleschoten nach dem Trocknen durch Mahlen gewonnen und hat weniger Aroma, schmeckt aber immer noch besser als künstlich hergestelltes Vanillearoma.

Varianten

Milchreis mit Beeren und Crème fraîche

Den Milchreis wie beschrieben mit der Milch, Zucker und Salz etwa 25 Min. garen. 400 g gemischte Beeren (z. B. Himbeeren, Johannisbeeren und Stachelbeeren) verlesen oder waschen, Stachelbeeren auch halbieren. Unter den Reis heben und nur erwärmen. 150 g Crème fraîche mit etwas abgeriebener Zitronenschale unterziehen, abschmecken und mit wenig Zimt bestäubt servieren.

Milchreis mit Kirschen und Schokolade

Den Milchreis wie beschrieben mit Milch, Zucker und Salz etwa 20 Min. garen. 400 g abgetropfte Sauerkirschen aus dem Glas untermischen und 5 Min. weitergaren. 50 g Zartbitter-Schokolade in kleine Stücke hacken und mit 50 g Sahne unterheben. Kurz ziehen lassen und servieren.

Karamellnudeln
mit Himbeeren

das lieben Kinder
Für 4 Personen
20 Min. Zubereitungszeit
35 Min. Backzeit
Pro Portion ca.
610 kcal, 19 g EW, 20 g F, 91 g KH

- 300 g frische oder TK-Himbeeren
- 1/2 Bio-Zitrone
- 80 g Zucker
- 1 l Milch
- 40 g Butter
- geriebene Muskatnuss und Salz
- 300 g Fadennudeln
- Zucker und Zimt zum Bestreuen
- Butter für die Form

1 Die frischen Himbeeren verlesen, TK-Himbeeren in einem Sieb antauen lassen. Die Zitronenhälfte waschen und abtrocknen, die Schale fein abreiben. Den Backofen auf 180° vorheizen. Eine feuerfeste Form mit Butter ausstreichen.

2 Den Zucker in einem Topf bei mittlerer Hitze schmelzen und leicht braun werden lassen. 1/8 l Wasser dazugießen und erhitzen, bis sich der feste Karamell wieder gelöst hat. Milch, Butter, 1 kräftige Prise Muskat und 1 Prise Salz zugeben und einmal aufkochen.

3 Nudeln, Zitronenschale und Himbeeren untermischen, abschmecken und die Mischung in die Form geben. Mit Alufolie abdecken und im Ofen (Mitte, Umluft 160°) etwa 15 Min. backen. Dann die Folie abnehmen und die Nudeln offen noch etwa 20 Min. garen, bis sie an der Oberfläche schön knusprig sind. Vor dem Servieren mit Zimtzucker bestreuen.

Für Festtage Die Nudeln portionsweise auf großen Tellern verteilen und mit je 1 Kugel Vanilleeis und etwas Schlagsahne servieren.

Schokoauflauf
auf Honigbananen

schmeckt mit fast jedem Obst
Für 4 Personen
35 Min. Zubereitungszeit
50 Min. Backzeit
Pro Portion ca.
750 kcal, 18 g EW, 37 g F, 87 g KH

100 g Zartbitter-Schokolade
1/2 l Milch
80 g Butter
125 g Weizen- oder Dinkel(vollkorn)mehl
4 reife Bananen
Saft von 1 Zitrone
2 EL Honig
5 Eier
Salz
80 g Zucker
2 Päckchen Vanillezucker
Puderzucker zum Bestreuen

1 Die Schokolade in kleine Stücke brechen. Mit 1/4 l Milch und 60 g Butter in einem Topf erhitzen, bis die Schokolade geschmolzen ist. 1/4 l Milch mit dem Mehl gründlich verrühren. In die Schokoladenmilch rühren und bei schwacher Hitze etwa 5 Min. garen, bis die Mischung dickflüssig ist. Lauwarm abkühlen lassen.

2 Den Backofen auf 180° vorheizen. 20 g Butter in eine feuerfeste Form geben und im Ofen schmelzen lassen. Mit einem Pinsel in der Form verstreichen.

3 Die Bananen schälen und der Länge nach in Scheiben schneiden. Die Form damit auslegen. Zitronensaft und Honig verrühren, über den Bananen verteilen.

4 1 Ei unter die Milchmischung rühren. Die übrigen Eier trennen. Die Eiweiße mit 1 Prise Salz steif schlagen, die Eigelbe mit dem Zucker und dem Vanillezucker schaumig schlagen. Die Milchmischung unterrühren, dann den Eischnee unterheben.

5 Die Schokomasse auf den Bananen verteilen, im Ofen (Mitte) etwa 50 Min. backen, bis die Masse aufgegangen und schön gebräunt ist. Vor dem Servieren kurz stehen lassen, dann mit Puderzucker bestäuben.

Backtipp Die Schokoladenmasse hat nach den 50 Min. Backzeit noch einen weichen Kern. Wer den Auflauf lieber ganz durchgebacken mag, hängt noch 10–15 Min. im Ofen dran.

Das geht auch

- Probieren Sie den Auflauf mit Mangoscheiben. Dann die Masse in der Form zusätzlich mit Kokosflocken bestreuen.
- Himbeeren solo oder mit Johannisbeeren gemischt. Dann den Honig durch Cassis (Likör aus schwarzen Johannisbeeren) ersetzen und etwas weniger Zitronensaft nehmen.
- Wer Zartbitter-Schokolade nicht so gerne mag, kann auch Vollmilchschokolade nehmen, sollte dann aber die Zuckermenge um die Hälfte reduzieren.
- Statt mit Puderzucker mit geschmolzener Schokolade beträufeln.

Gratinierte Früchte
mit Nusshaube

mit allen Früchten gut
Für 4 Personen
20 Min. Zubereitungszeit
30 Min. Backzeit
Pro Portion ca.
620 kcal, 13 g EW, 43 g F, 41 g KH

500 g gemischte Früchte (z. B. Stachelbeeren, Kirschen und Aprikosen)
1/2 Bio-Zitrone
4 Eier
Salz
50 g Butter
50 g Nussnugat
70 g Zucker
1 Päckchen Vanillezucker
2 EL Rum nach Belieben
150 g gemahlene Haselnusskerne
Butter für die Form

1 Den Backofen auf 180° vorheizen. Eine flache feuerfeste Form oder vier Portionsförmchen mit Butter ausstreichen.

2 Die Früchte waschen. Stachelbeeren halbieren, Kirschen entsteinen. Aprikosen entsteinen und in Spalten schneiden. Früchte mischen und in die Form geben.

3 Die Zitronenhälfte heiß waschen und abtrocknen, die Schale fein abreiben. Die Eier trennen, die Eiweiße mit 1 Prise Salz zu steifem Schnee schlagen. Die Butter mit dem Nugat, dem Zucker und dem Vanillezucker cremig schlagen. Eigelbe, Zitronenschale und eventuell den Rum untermischen. Eischnee und Nüsse darauf verteilen und mit dem Schneebesen unterheben.

4 Die Nussmasse auf den Früchten verteilen und alles im Ofen (Mitte, Umluft 160°) etwa 30 Min. backen, bis die Nusshaube schön gebräunt ist. Kurz stehen lassen, dann servieren. **Dazu schmeckt Vanilleeis.**

Eine leichte und cremige Süßspeise für Apfelfans. Davor servieren Sie am besten eine Suppe oder einen reichhaltigen Salat.

Bratäpfel
in Vanillesauce

1 Die Äpfel nach Belieben schälen und die Kerngehäuse ausstechen. Dafür am besten einen Apfelausstecher nehmen oder die Kerngehäuse so vorsichtig herausschneiden, dass die Äpfel ganz bleiben. Die Äpfel innen und außen mit dem Zitronensaft einstreichen – am besten mit einem Pinsel. Eine flache feuerfeste Form mit Butter ausstreichen.

2 Die Datteln sehr fein schneiden, die Nüsse fein hacken. Beides mit dem Honig, der weichen Butter und dem Zimt verkneten. Die Äpfel nebeneinander in die Form setzen und mit der Dattelmischung füllen.

3 Den Backofen auf 180° vorheizen. Die Vanilleschote längs aufschlitzen und das Mark mit dem Messerrücken herauskratzen. Mark und Schote mit der Milch in einen Topf geben und bei schwacher Hitze erwärmen.

4 Die Eigelbe mit dem Vanillezucker in einem anderen Topf schaumig schlagen. Die Speisestärke untermischen. Dann die Milch durch ein Sieb dazugießen und gründlich unterrühren. Die Mischung bei schwacher Hitze unter ständigem Rühren erhitzen, aber nicht kochen lassen, bis sie dickflüssig wird. Das dauert etwa 10 Min. Sauce neben die Äpfel gießen.

5 Die Äpfel im Ofen (Mitte, Umluft 160°) etwa 25 Min. backen, bis sie weich sind. In der Form mit der Sauce servieren, restliche Sauce dazustellen.

Das geht auch Nur die Vanillesauce zubereiten und mit Löffelbiskuits oder anderem Gebäck zum Dippen servieren.

als Dessert für 8
Für 4 Personen
40 Min. Zubereitungszeit
25 Min. Backzeit
Pro Portion ca.
430 kcal, 8 g EW, 20 g F, 57 g KH

- 8 kleine säuerliche Äpfel (z. B. Elstar)
- 2 EL Zitronensaft
- 50 g entsteinte Datteln
- 50 g Walnusskerne oder gehäutete Mandeln
- 1 EL Honig
- 2 EL weiche Butter
- 1/2 TL Zimtpulver
- 1 Vanilleschote
- 1/2 l Milch
- 2 Eigelb
- 2 Päckchen Vanillezucker
- 20 g Speisestärke
- Butter für die Form

Semmelauflauf
mit Äpfeln und Nüssen

für übrig gebliebenes Brot
Für 4 Personen
40 Min. Zubereitungszeit
40 Min. Backzeit
Pro Portion ca.
825 kcal, 23 g EW, 38 g F, 100 g KH

8 altbackene Brötchen
(etwa 400 g, ersatzweise Baguette)
1/2 Bio-Zitrone
800 ml Milch
3 Eier
60 g Zucker
1 Päckchen Vanillezucker
Salz
1/2 TL Zimtpulver
750 g säuerliche Äpfel
100 g gemischte Nusskerne
(z. B. Haselnüsse, Kürbiskerne,
geschälte Mandeln und Pinienkerne)
40 g Butter
Butter für die Form

1 Die Brötchen in dünne Scheiben schneiden und in eine Schüssel legen. Die Zitronenhälfte heiß waschen und abtrocknen, die Schale dünn abreiben. Die Milch mit Eiern, Zucker, Vanillezucker, 1 Prise Salz, Zitronenschale und Zimt verquirlen und über die Brötchenscheiben gießen.

2 Den Backofen auf 180° vorheizen. Eine feuerfeste Form mit Butter ausstreichen. Die Zitronenhälfte auspressen. Die Äpfel vierteln, schälen und von den Kerngehäusen befreien. Die Äpfel in schmale Schnitze schneiden und mit dem Zitronensaft mischen. Die Nüsse fein hacken. Die Butter in kleine Würfel schneiden und mit den Nüssen mischen.

3 Brötchen und Äpfel lagenweise in die Form schichten, mit Brötchen abschließen. Falls Eiermilch in der Schüssel übrig ist, über die Zutaten gießen. Die Nussbutter auf der Oberfläche verteilen. Den Auflauf im Ofen (Mitte, Umluft 160°) etwa 40 Min. backen, bis er schön gebräunt ist.

Das geht auch Es müssen nicht immer Brötchen sein. Auch dunkles Brot, trockener Kuchen, Croissants und Hörnchen lassen sich auf diese Art verwerten. Bei Kuchen oder anderen süßen Sachen allerdings den Zucker in der Eiercreme reduzieren.

Backtipp: In kleinen Förmchen
Portionsweise serviert sieht der Auflauf besonders hübsch aus. Alles wie beschrieben vorbereiten und in vier feuerfeste Förmchen schichten. Etwa 10 Min. backen. Den Auflauf gleich in den Förmchen servieren, aber unbedingt Holzbrettchen oder eine andere hitzefeste Unterlage darunterstellen und die Förmchen nicht anfassen, sie sind sehr heiß.

Variante
Schwarzbrotauflauf mit Kirschen
Statt der Semmeln 300 g dunkles Brot in sehr dünne Scheiben schneiden und mit der Eiermilch begießen. Mindestens 30 Min. ruhen lassen. Die Äpfel durch 800 g Kirschen (am besten Sauerkirschen, süße gehen aber auch) ersetzen. Die Kirschen waschen und entsteinen und mit 2–3 EL Zucker (je nachdem, ob Sie süße oder saure Kirschen nehmen) einmal aufkochen und zugedeckt bei schwacher Hitze etwa 5 Min. köcheln lassen. Dann wie beschrieben einschichten und backen.

Dank Knödelteig aus der Kühltheke ganz ohne Mühe und superschnell gemacht – ein ideales Essen für alle Süßschnäbel.

herbstlicher Genuss
Für 4 Personen
35 Min. Zubereitungszeit
Pro Portion ca.
545 kcal, 6 g EW, 40 g F, 67 g KH

Zwetschgenknödel

mit Mohnbutter

12 Zwetschgen (etwa 250 g)
50 g Marzipan-Rohmasse
1 Packung Kartoffelknödelteig (750 g, aus der Kühltheke, s. Tipp)
4 Päckchen Vanillezucker
Salz
100 g Butter
40 g Mohnsamen
1 EL Zucker
Zimtpulver
Mehl zum Arbeiten

1 Die Zwetschgen waschen und an einer Seite aufschneiden. Den Kern herauslösen. Die Marzipan-Rohmasse in Würfel schneiden und statt des Kerns in die Zwetschgen legen. Die Zwetschgen wieder zusammenklappen.

2 Kartoffelknödelteig mit dem Vanillezucker verkneten, in 12 Portionen teilen. Jede in der bemehlten Hand zu einem flachen Stück formen, mit 1 Zwetschge belegen und rund um die Zwetschge zu einem runden Knödel formen.

3 In einem großen Topf Salzwasser zum Kochen bringen. Die Knödel hineingleiten und bei schwacher Hitze in etwa 20 Min. darin gar ziehen lassen.

4 Die Butter aufschäumen und leicht bräunen. Mohn, Zucker und 1 Prise Zimt unterrühren und bei schwacher Hitze erwärmen.

5 Die Knödel mit einem Schaumlöffel aus dem Wasser heben und in tiefe Teller verteilen. Mohnbutter darauflöffeln und die Knödel sofort servieren.

Das geht auch Im Sommer schmecken Aprikosen statt Zwetschgen sehr gut. Dann keinen Mohn, sondern Semmelbrösel in der Butter bräunen und über die gegarten Knödel geben.
Wer keinen fertigen Knödelteig bekommt, nimmt 1 Packung Pulver zum Anrühren (halb und halb). Dann schon beim Anrühren den Zucker dazugeben.

Für zwei Nur die Hälfte machen und aus dem restlichen Knödelteig am nächsten Tag Gnocchi zubereiten. Dafür den Teig mit etwa 50 g Mehl verkneten, zu einer Rolle formen und kleine Stücke abschneiden. Mit einer Gabel leicht eindrücken und in leise kochendem Salzwasser 10 Min. garen. Mit Tomatensauce und frisch geriebenem Parmesan servieren.

Quarknockerln
mit Erdbeersalat

frisch und leicht
Für 4 Personen
50 Min. Zubereitungszeit
Pro Portion ca.
240 kcal, 14 g EW, 7 g F, 35 g KH

- 500 g Erdbeeren
- 2 Zweige Minze
- 4 EL Ahornsirup
- 2 TL Zitronensaft
- 300 g Quark (20 % Fett)
- 20 g weiche Butter
- 40–50 g Zucker
- Salz | 2 Eier (Größe S)
- 75 g Hartweizengrieß
- 25 g Mehl
- 1 TL Speisestärke

1 Die Erdbeeren vorsichtig waschen und von den Stielen befreien. In kleine Würfel schneiden. Die Minze waschen und trocken schütteln. Blättchen fein hacken. Mit Ahornsirup und Zitronensaft unter die Erdbeeren rühren.

2 Den Quark gut abtropfen lassen. Die Butter mit dem Zucker und 1 Prise Salz cremig schlagen. Die Eier unterrühren, den Quark untermischen. Den Grieß mit Mehl und Speisestärke vermengen und unterrühren.

3 In einem Topf reichlich Salzwasser zum Kochen bringen. Aus der Quarkmasse mit Teelöffeln Nocken formen und ins leise siedende Wasser gleiten lassen, bei schwacher Hitze in etwa 15 Min. gar ziehen lassen.

4 Nockerln mit einem Schaumlöffel aus dem Wasser heben und mit dem Erdbeersalat servieren.

Sonntag

Heute gibt's mal was zum Verwöhnen. Das Beste daran: Auch das muss nicht viel Arbeit machen, wenn Sie ein paar besondere Zutaten einkaufen oder einen ganzen Braten in den Ofen schieben. Und natürlich auf gar keinen Fall aufs Dessert verzichten!

114 **Tipps** zum Zubereiten, Anrichten und Garnieren
118 **Menütipps** für besondere Tage
120 **Feine Vorspeisen** Schnell und elegant zum Verwöhnen
132 **Nudeln & Co.** Für Festtage zum Schwelgen
144 **Fisch** Heute mal raffiniert
156 **Braten & Ragouts** Fast von selbst gekocht
170 **Gemüse** In seiner edelsten Form mehr als nur Beilage
182 **Desserts** Unentbehrlich zum Schluss

Zubereiten ohne Stress

Es soll eine Vorspeise geben, ein Hauptgericht und auch noch ein Dessert. Zu viel Arbeit? Ganz und gar nicht, wenn man zumindest für zwei der drei Gänge Rezepte aussucht, die schnell zubereitet sind oder sich vorbereiten lassen.

Geschickte Rezeptwahl

Es gibt ideale Gerichte, bei denen man selbst nicht in Stress gerät und die Gäste nicht alleine am Tisch sitzen müssen, während der Gasteber in der Küche steht.

- Der Salat oder das Gemüse für die Vorspeise mariniert und leidet dabei nicht, sondern nimmt noch mehr Aroma an.
- Der Braten mariniert und schmort später fast ohne Aufsicht leise vor sich hin.
- Die Nachspeise lässt sich komplett vorbereiten und wartet im Kühlschrank auf ihren Einsatz.

Ebenfalls gut: Dressing vorbereiten, Salatzutaten ebenso, erst vor dem Essen mischen und abschmecken. Suppen kochen und vor dem Essen aufwärmen, mit dem Pürierstab cremig aufmixen und mit der Garnitur verfeinern.

Cooler Einsatz

- Im Kühlschrank bleibt alles länger frisch. Bedenken Sie aber, dass die Zutaten leicht andere Gerüche annehmen. Eher intensive Lebensmittel wie manche Käsesorten, Schinken und Meeresfische deshalb immer gut abgedeckt lagern, damit später das Dessert nicht danach riecht oder gar schmeckt.
- Erst bei Zimmertemperatur entfalten sich die Aromen optimal. Also Mariniertes, Cremes und Ähnliches etwa 30 Min. vor dem Genuss aus dem Kühlschrank holen und Raumtemperatur annehmen lassen.
- Hinten und unten im Kühlschrank ist es besonders kühl. Was also nicht so viel Kälte braucht, kommt oben und nach vorne. Oder in die Fächer in der Tür oder ins Gemüsefach, das durch die Platte ebenfalls vor zu viel Kälte geschützt wird.

Fertiges aufpeppen

Als Vorspeise:

- Eingelegtes Gemüse vom Italiener oder aus dem Glas auf einer Platte anrichten. Petersilie, Knoblauch und Zitronenschale sehr fein hacken, mit etwas Olivenöl mischen und aufstreuen.
- Schinkenscheiben auf Tellern auslegen, getrocknete Tomaten in Öl und Oliven fein hacken, aufstreuen, mit Zitronenschnitzen servieren.
- Räucherfisch auf Tellern auslegen. Crème fraîche mit Kräutern wie Brunnenkresse, Gartenkresse oder Dill im Blitzhacker fein zerkleinern, mit Senf, Meerrettich, Salz und Pfeffer abschmecken und dazu reichen.

Als Dessert:

- Kirschen aus dem Glas mit etwas Amaretto, Zitronensaft und Zucker erhitzen, zu Vanilleeis servieren.
- Mascarpone mit Milch, Zitronensaft und Ahornsirup oder Zucker cremig rühren. Kekse wie Cantuccini und Obststücke zum Dippen reichen.

Backofentauglich

Einschichten und ab in den Ofen. Anbraten und im Ofen bei Niedrigtemperatur fertig garen. Auch so kommen Sie nicht in Hetze.
Die Zutaten für den Auflauf lassen sich vorbereiten und kühl stellen. Dann einfach vor dem Backen in der Form mischen und in den vorgeheizten Ofen schieben. Das Fleisch anbraten und im Ofen bei 80–120° fertiggaren. Da bleibt es wunderbar saftig und es schadet auch nicht, wenn es 10–15 Min. länger im Ofen ist.
Immer gut: Während der letzten 5–10 Min. die Teller mit in den Ofen stellen. So bleibt das Essen später länger warm.

Von Backofen zu Backofen

Fünf Öfen werden auf 180° vorgeheizt. Trotzdem bräunt und gart das Gratin in jedem ein bisschen anders. Aus diesem Grund sind die Backzeiten nur Richtwerte. Da hilft nur eines: beobachten und reagieren.

- **Sind** die Zutaten noch nicht gar, die Oberfläche aber schon ziemlich braun: mit Alufolie abdecken (glänzende Seite nach unten).
- **Sind** die Zutaten umgekehrt schon gar, aber noch nicht appetitlich braun: den Grill zuschalten oder die Ofenhitze kurz auf höchste Stufe stellen.

Ofengemüse

Alle Gemüsesorten, die sich braten lassen, kann man auch im Backofen zubereiten. Gemüse waschen oder schälen, putzen und in mundgerechte Stücke schneiden. Auf dem mit Backpapier belegten Backblech ausbreiten, salzen und pfeffern und mit Öl beträufeln. Bei 250° oder unter den heißen Grillschlangen 12–15 Min. garen, dabei ein- bis zweimal gründlich durchrühren.
Danach mit Zitronensaft und Olivenöl beträufeln oder mit einer Marinade mischen: Gut schmecken Petersilie, Knoblauch und Chili (alle fein gehackt) mit etwas Essig oder Zitronensaft und Olivenöl. Oder Zitronenschale, sehr fein gehackter Ingwer und Koriander mit Limettensaft, neutralem Öl und etwas Sesamöl.

Gute Kombinationen sind:

- Zucchini, Auberginen und Paprikaschoten
- Pilze, Zwiebeln und Cocktailtomaten
- Fenchel, grüner Spargel und rote Paprika
- Kohlrabi, Möhren und Brokkoli

Schritte beim Vorbereiten

- **Um sich einen Überblick über die Arbeitsschritte zu verschaffen, das Rezept einmal lesen, bevor Sie loslegen.**
- **Alle Zutaten, die Sie für das Gericht brauchen, zurechtlegen.**
- **Wenn nicht zwischendurch längere Ruhe- oder Garzeiten anfallen, erst einmal alle Zutaten vorbereiten.**

Anrichten und Garnieren

Am Sonntag und am Feiertag, aber auch, wenn Gäste kommen, soll das Essen was Besonderes sein. Das muss nicht heißen, dass man lange in der Küche steht und vielerlei Zutaten kompliziert vorbereitet und gart. Oft reichen ein paar Handgriffe beim Anrichten, um aus einer schlichten Beilage eine Augenweide und aus einem simplen Dessert ein Kunstwerk zu zaubern.

Saucenspielereien

- Sauce in einen Spritzbeutel mit feiner Tülle füllen und auf und neben den Zutaten in klaren Linien verteilen.
- Die Sauce zum Schnitzel oder dem Gemüse in einen großen Suppenlöffel oder auch einen asiatischen Löffel geben und auf den Teller neben Fisch, Fleisch und Co. setzen. Jeder gibt sich die Sauce erst bei Tisch auf die Zutaten.
- Oder in einem kleinen Glas direkt auf den Teller stellen.

Deko am Rande

Sowohl Gläser wie auch Teller kann man zusätzlich mit Salz, Zucker oder fein gehackten Kräutern garnieren. Dazu Glasrand in Wasser tauchen und dann in Salz, Zucker oder Kräuter tauchen. Oder Tellerrand befeuchten und mit den Zutaten bestreuen. Das, was nicht haften bleibt, einfach wieder vorsichtig abschütteln.

Kleine Kunstwerke

- Fürs Dessert mal keine Schälchen, sondern kleine Gläser oder sogar Espressotassen nehmen. Der Nachschlag kann ja anschließend in einer Schüssel auf den Tisch kommen.
- Überraschungsdessert: Gläser mit Packpapier umhüllen und mit Paketschnur verschnüren.
- Eine feine Creme als Dessert mal nicht in eine Schale oder ein Glas füllen, sondern auf dünne Schokoladenplättchen strechen. Ein paar davon auf einem Teller aufeinander setzen und so servieren.

Streukunst

Bestreuen Sie den Teller mit Kakaopulver oder geriebener Schokolade. Schneiden Sie aus dickerem Papier eine Schablone zu und setzen sie locker auf die dunkle Verzierung. Mit Puderzucker bestäuben, Schablone vorsichtig abheben. Mit umgekehrten Farben geht es natürlich auch!

Anders als gewohnt

- Dünne Brotscheiben (am besteToast oder feines Weißbrot ohne größere Löcher) für Crostini toasten und attraktiv (z. B. mit größeren Plätzchenausstechern) ausstechen. Reste aber nicht wegwerfen, sondern ganz trocknen lassen und in der Küchenmaschine zu Semmelbröseln verarbeiten oder aber einen Brotsalat daraus machen (siehe auch S. 10/11).
- Wer sagt, dass die Möhren immer in Scheiben und die Tomaten in Würfeln in der Beilage oder dem Salat verarbeitet werden müssen? Schneiden Sie die Möhren auch mal in Rauten oder Quadrate und die Tomaten in ganz schmale Streifen.
- Als Beilage oder Deko: Gemüse von unterschiedlichen Farben in lange Streifen schneiden, blanchieren und nach dem Abgießen mit einer Gabel wie Spaghetti aufrollen. In die Tellermitte oder an den Rand setzen.
- Kartoffel- oder Gemüsepuffer als Beilage mal nicht nebeneinander auf den Teller legen, sondern als Stapel servieren.

Darübergestreut und geträufelt

- Gerichte mit mittelgrobem Meersalz (z. B. Malton Sea Salt) bestreuen.
- Schön grünes oder tiefgelbes Olivenöl auf den Tellerrand träufeln.
- Orangen- oder Zitronenschalen dünn schneiden, zusammendrehen und auf die Gerichte legen.
- Grüne Pfefferrispen oder einen Hagebuttenzweig am Tellerrand drappieren.
- Frittierte Kräuterblättchen anlegen: Besonders hübsch und stabil sind Salbeiblättchen.
- Kleine Tomaten an der Rispe im Ofen bei 180° backen, bis die Haut leicht schrumpelig ist. Als essbare Garnierung verwenden.
- Zimtstange und Sternanis zieren nicht nur Asiagerichte.
- Leuchtend rote schlanke Chilischoten auf die Gerichte legen.
- Blüten sind immer hübsch, besonders schön sind: Kapuzinerkresse, Borretsch und Gänseblümchen.
- Hauchdünne frittierte Speckscheiben (auf Küchenpapier gut abfetten lassen) auf das Essen legen.

Für besondere Tage

Die ganze Familie ist versammelt, einer hat Geburtstag oder liebe Freunde haben sich angesagt – Grund genug, ein Festessen zu planen. Am besten ein schönes Menü und zum Start einen kleinen feinen Begrüßungsdrink. Macht allen Spaß und muss niemandem viel Arbeit machen.

7 Goldregeln für die Menüplanung

- Abwechslung bei den Zutaten: Die Hauptzutat der einzelnen Gerichte sollte sich nicht wiederholen, also keine Tomatensuppe vor dem Fisch auf Ofentomaten und keine Cremesuppe vor dem Schnitzel mit Sahnesauce.
- Bei den Zubereitungsarten ist auch Abwechslung gefragt: also kein gegrilltes Gemüse vor dem gegrillten Fisch und kein Ofenkäse vor dem Gemüsegratin.
- Für Spaß beim Betrachten und Essen sorgen auch unterschiedliche Farben. Also keinen grünen Salat vor einer grünen Suppe und dem grünen Spinatauflauf zubereiten.
- Überlegen Sie sich ein Motto fürs Menü: es kann asiatisch sein oder aus dem Mittelmeerraum stammen, vegetarisch leicht sein oder den Fisch in den Mittelpunkt stellen. Mit einem Thema lässt sich das Menü besser komponieren.
- Rechtzeitig einkaufen: möglichst schon am Vortag kaufen. Hilft enorm beim Vermeiden von Stress.
- An die Vorbereitung denken: Mindestens eins, besser zwei Gerichte sollten sich ziemlich komplett vorbereiten lassen. Auch gut: Die Vorspeise wird frisch gemacht, der Hauptgang aber im Ofen zubereitet.
- Nur leichte Gerichte anbieten oder Leichtes und etwas Schwereres mischen. Damit niemand vom Menü müde wird.

Der Begrüßungsschluck

Sind alle Gäste da, setzt man sich nicht gleich an den Tisch, sondern plaudert erst einmal ein bisschen. Macht noch mehr Spaß, wenn es dazu ein Gläschen gibt. Versuchen Sie es mal mit diesen Kompositionen:

- Pro Glas 2 cl Holunderblütensirup mit gut gekühltem Sekt oder Prosecco aufgießen.
- Pro Glas 2 cl Cassis (Likör aus Schwarzen Johannisbeeren) mit trockenem Weißwein auffüllen. Nennt sich Kir, mit Champagner sogar Kir Royal.
- Pro Glas 1/2 Pfirsich häuten und pürieren. Mit eiskaltem Prosecco auffüllen. Nennt sich Bellini. Schmeckt auch mit pürierten Erdbeeren und ganz wenig Erdbeersirup gut.
- Klassiker wie Campari mit Orangensaft oder Soda und Eis oder trockenen Martini mit Eiswürfeln anbieten.
- Limettenschale fein abreiben, mit wenig Zucker und gestoßenem Eis mischen und in Gläser füllen, mit Campari aufgießen.
- Für einen venezianischen »Spritz« 2 Eiswürfel mit 1/2 Zitronenscheibe in ein Glas füllen. Mit zwei Dritteln Weißwein und einem Drittel Mineralwasser auffüllen und 1 Schuss Campari untermischen.
- Für einen alkoholfreien Drink je zur Hälfte Grapefruit- und Ananassaft und je 2 TL Mandel- oder Kokossirup mischen und mit gestoßenem Eis in Gläser füllen.

GEGEN DEN ERSTEN HUNGER

Ein Glas Sekt oder Weißwein und nichts dazu? Da wird manch einem schnell flau. Bieten Sie also immer eine Kleinigkeit an, die Sie fertig kaufen können:

Grissini, nach Belieben mit ganz dünnen Scheiben von rohem Schinken umwickelt • Oliven, eventuell mit Mandeln gefüllt, Zahnstocher zum Aufpicken dazu anbieten • Cracker, mit Kräuterfrischkäse bestrichen • Cocktailtomaten, mit Mozzarellastücken auf Spieße gesteckt • Gurken- und Fetastücke auf Spieße gesteckt • Datteln, mit Speck umwickelt und erwärmt

Das vegetarische Menü

Crostini mit Tomatenricotta (Rezept Seite 120)
Kürbissuppe mit Orange (Rezept Seite 131), dazu Vollkorn-baguette oder Grissini
Spargel-Möhren-Wok (Rezept Seite 174), dazu Basmatireis
Zitronen-Vanille-Flan (Rezept Seite 188)

Tipps zur Zubereitung: Nachspeise schon am Vortag machen, im Kühlschrank aufheben, einige Stunden vorher Suppe kochen und abkühlen lassen. Tomatenkäse mischen. Frisch machen: Brot rösten, Gemüse für die Wokpfanne schneiden und braten, Reis kochen.

Das mediterrane Menü

Orientalischer Vorspeisenteller (Rezept Seite 128)
Zitronenrisotto mit Kaninchen (Rezept Seite 138)
Fischfilets mit Kartoffel-Oliven-Haube (Rezept Seite 150), dazu Blattsalat und knuspriges Ciabatta
Schoko-Chili-Mousse (Rezept Seite 184)

Tipps zur Zubereitung: Schoko-Chili-Mousse zubereiten, in den Kühlschrank stellen. 1–2 Std. vorher Kichererbsenpaste und Auberginen für die Vorspeise machen, Kartoffel-Oliven-Krusze vorbereiten und auf den Fischfilets verteilen (im Kühlschrank aufheben), Zitronenrisotto frisch machen. Blattsalat zubereiten, während der Fisch im Ofen ist.

Das besonders schnelle Menü

Toastecken mit Lachs und Wasabi-Frischkäse (Rezept Seite 120)
Avocado-Carpaccio mit Orangen (Rezept Seite 126)
Pochiertes Lamm mit grüner Sauce (Rezept Seite 157)
Erdbeeren mit Vanillequark (Rezept Seite 182)

Tipps zur Zubereitung: 1–2 Stunden vorher den Wasabi-Frisch-käse, die Orangen-Vinaigrette für das Carpaccio, die grüne Sauce zum Lamm und den Vanillequark zubereiten. Alles andere geht so schnell, dass man es jeweils frisch machen kann.

Das asiatische Menü

Mangocarpaccio mit Fisch (Rezept Seite 126)
Krustenbraten mit Zitronengras, dazu Brot und Spinat mit Granatapfelkernen (Rezepte Seite 169, 170)
Johannisbeer-Ingwer-Sauce zu fertig gekauftem Vanilleeis (Rezept Seite 183)

Tipps zur Zubereitung: einige Stunden vorher Schweinebraten würzen, Johannisbeer-Ingwer-Sauce zubereiten. Schweinebraten rechtzeitig in den Ofen schieben, Vorspeise und Beilage frisch zubereiten.

Feine Vorspeisen

Speck-Honig-Datteln auf Käsecrackern

Fingerfood | Für 4 Personen | 20 Min. Zubereitungszeit
Pro Portion ca. 255 kcal, 12 g EW, 15 g F, 19 g KH

50 g entsteinte Datteln (etwa 8 Stück)
50 g durchwachsener Räucherspeck in dünnen Scheiben
1 TL Honig | 2 TL Zitronensaft | 1 Prise Chilipulver
125 g Ziegencamembert | 16 Cracker

1 Die Datteln in Streifen schneiden. Den Speck von Schwarte und Knorpeln befreien und in feine Streifen schneiden. In einer Pfanne bei mittlerer Hitze ausbraten und leicht braun werden lassen. Datteln unterrühren und die Mischung mit Honig, Zitronensaft und Chili abschmecken, warm halten.

2 Den Käse in crackergroße Stücke schneiden. Auf die Cracker legen, mit Speckdatteln garnieren und frisch servieren.

Toastecken mit Lachs und Wasabi

asiatisch | Für 4 Personen | 10 Min. Zubereitungszeit
Pro Portion ca. 215 kcal, 8 g EW, 15 g F, 11 g KH

1/2 Bio-Zitrone | gut 1/2 TL Wasabi aus der Tube (japanischer grüner Meerrettich, ersatzweise 1–2 TL normaler Meerrettich) | 150 g Doppelrahm-Frischkäse | Salz
75 g Räucherlachs in dünnen Scheiben | 4 Scheiben Toastbrot

1 Die Zitrone heiß waschen und abtrocknen, die Schale fein abreiben. 1 TL Saft auspressen und mit der Schale und dem Wasabi zum Frischkäse geben. Gut verrühren und mit Salz abschmecken. Den Lachs in kleine Stücke zupfen.

2 Die Toastbrote im Toaster knusprig rösten (notfalls im Ofen bei 250°, Umluft 220°) und in Dreiecke schneiden. Mit Frischkäse bestreichen, mit Lachs belegen und warm servieren.

Crostini mit Tomatenricotta

auch für viele | Für 4 Personen | Zubereitungszeit 20 Min.
Pro Portion ca. 240 kcal, 11 g EW, 6 g F, 36 g KH

1/2 Bund Basilikum | 1 Knoblauchzehe | 6 getrocknete, in Öl eingelegte Tomaten | 1 EL Kapern | 1/2 Bio-Zitrone 150 g Ricotta | 1 EL frisch geriebener Parmesan Salz und Pfeffer | 12 kleinere Scheiben Weißbrot

1 Basilikum waschen, die Blättchen abzupfen, Knoblauch schälen. Tomaten und Kapern abtropfen lassen und mit Basilikum und Knoblauch im Blitzhacker fein zerkleinern. Zitrone heiß waschen und abtrocknen, die Schale abreiben.

2 Ricotta mit Tomatenmasse, Zitronenschale und Parmesan verrühren, salzen und pfeffern. Brote im Toaster oder im Backofen bei 250° (Umluft 220°) goldbraun rösten, mit der Creme bestreichen und frisch servieren.

Roastbeefbrote mit Zucchini-Rucola-Salat

zum Wein | Für 4 Personen | 20 Min. Zubereitungszeit
Pro Portion ca. 230 kcal, 13 g EW, 12 g F, 17 g KH

1 kleiner Zucchino | 1 Frühlingszwiebel | 1/2 Bund Rucola 1/2 Bio-Zitrone | Salz und Pfeffer | 1 Prise gemahlener Koriander | 1 EL Olivenöl | 8 dünne Scheiben Weißbrot (z. B. schräg geschnittenes Baguette) | 100 g Doppelrahm-Frischkäse | 3 TL geriebener Meerrettich | 8 dünne Scheiben Roastbeef

1 Den Zucchino waschen und fein raspeln. Die Frühlingszwiebel waschen, putzen und hacken. Den Rucola verlesen, waschen und klein schneiden. Die Zitrone waschen, die Hälfte der Schale abreiben, den Saft auspressen.

2 1 EL Zitronensaft und die -schale mit Salz und Pfeffer, Koriander und Öl verrühren. Zucchino, Zwiebel und Rucola untermischen, abschmecken. Die Brote leicht toasten. Frischkäse mit Meerrettich verrühren und auf den Broten verstreichen. Das Roastbeef darauf verteilen und mit Zucchinisalat garnieren.

Rote-Bete-Carpaccio

mit Feigen-Vinaigrette und Ziegenkäse

winterlich
Für 4 Personen
1–2 Std. Quellzeit
15 Min. Zubereitungszeit
Pro Portion ca.
340 kcal, 11 g EW, 9 g F, 23 g KH

4 getrocknete Feigen
50 ml naturtrüber Apfelsaft
2 EL Apfelessig
1 TL scharfer Senf
1 TL Quittengelee
Salz und Pfeffer
5 EL Rapsöl
2 gekochte Rote Beten (500 g, aus dem Folienpack)
4 kleine Ziegen(frisch)käse (je etwa 40 g)

1 Die Feigen von den harten Stielen befreien und klein würfeln. Mit dem Apfelsaft mischen und 1–2 Std. ziehen lassen. Dann den Essig mit dem Senf, dem Gelee, Salz und Pfeffer verrühren. 4 EL Öl unterschlagen, die Feigen mit dem verbliebenen Saft untermischen.

2 Die Roten Beten gegebenenfalls schälen, in sehr dünne Scheiben schneiden. Auf vier Tellern ausbreiten und mit der Vinaigrette würzen.

3 Den Backofengrill anheizen. Die Ziegenkäse nebeneinander in eine feuerfeste Form legen und mit 1 EL Öl beträufeln. Unter den heißen Grillschlangen (mit etwa 10 cm Abstand) etwa 5 Min. grillen, bis sie schön gebräunt sind. Jeweils 1 Käse auf den Roten Beten verteilen, mit Pfeffer übermahlen und frisch servieren.

Das geht auch Ein anderes, sehr interessantes Aroma bekommen die roten Beten, wenn Sie die Vinaigrette ohne Senf zubereiten und die Rote-Beten-Scheiben stattdessen mit etwas frisch geriebenem Meerrettich bestreuen.

Varianten
Tomatensalat mit Ofenfeta

Die Blättchen von 1 Bund Basilikum abzupfen und grob hacken. Mit 1 geschälten Knoblauchzehe, 1 EL Pinienkernen und 4 EL Olivenöl fein zerkleinern. Salzen und pfeffern. 500 g Tomaten waschen und in feine Scheiben schneiden. Auf Tellern anrichten und mit der Basilikumsauce beträufeln. 150 g Feta in 4 Stücke schneiden und mit 1 EL Olivenöl beträufeln. Im Backofen bei 250° (Umluft 220°) etwa 5 Min. backen, bis er leicht schmilzt und braun wird. Auf den Tomaten verteilen, mit grobem Pfeffer übermahlen und warm servieren.

Mit anderen Käsesorten

Pecorino in etwa 1 cm dicke Scheiben schneiden, mit Öl bestreichen und backen. – Kleine (Ziegen-)Camemberts im Ofen erwärmen. – Ebenfalls fein: panierter Käse. Dafür Schafkäse (Feta), Camembert oder Hartkäse in Scheiben teilen, in Mehl, Ei und Semmelbröseln panieren und in Öl und Butter bei starker Hitze kurz braten, bis die Panade braun ist.

Warmer Käse aus dem Ofen adelt jeden Blattsalat, egal, ob gemischt oder aus einer Sorte zubereitet – mit dieser fruchtigen Variante schmeckt er aber besonders gut.

orientalisch angehaucht
Für 4 Personen
20 Min. Zubereitungszeit
Pro Portion ca.
170 kcal, 3 g EW, 10 g F, 18 g KH

Chicoréesalat
mit Möhren und Datteln

- 400 g Möhren
- 2 Stauden Chicorée (etwa 300 g)
- 3 EL Olivenöl
- 3 TL Puderzucker
- Salz
- 50 g entsteinte Datteln (etwa 8 Stück)
- 2 Frühlingszwiebeln
- 1/2 Bund Petersilie
- 2 EL Limetten- oder Zitronensaft
- je 1/2 TL gemahlener Kreuzkümmel und Koriander
- 1 TL rosenscharfes Paprikapulver
- 1/2 TL Ras-el-hanout (marokkanische Gewürzmischung, aus dem Asienladen)
- nach Belieben Kopfsalatblätter oder Feldsalat zum Anrichten

1 Die Möhren schälen und putzen, in etwa 1/2 cm breite Streifen schneiden. Den Chicorée waschen, vom dicken Strunk in der Mitte befreien und in etwa 1 cm breite Streifen schneiden.

2 1 EL Öl im Topf erhitzen, Möhren und Chicorée darin bei mittlerer Hitze andünsten, mit Puderzucker bestreuen, leicht braun werden lassen. Mit 50 ml Wasser begießen, salzen, zugedeckt bei schwacher Hitze etwa 5 Min. dünsten.

3 Inzwischen die Datteln in Streifen schneiden. Die Frühlingszwiebeln waschen, putzen und mit dem knackigen Grün in feine Ringe schneiden. Die Petersilie waschen, die Blättchen fein hacken.

4 Limettensaft mit den Gewürzen, 2 EL Öl und Salz verrühren. Möhrenmischung mit der Sauce verrühren. Datteln, Frühlingszwiebeln und Petersilie untermischen und den Salat abschmecken. Nach Belieben auf Kopfsalatblättern oder auf Feldsalat anrichten.

Passende Beilage Frische Sardinen ausnehmen und die Köpfe abschneiden. Die Sardinen salzen, pfeffern, mit wenig Mehl bestäuben und in Olivenöl bei mittlerer Hitze 2–3 Min. pro Seite braten. Zum Salat servieren – fertig ist ein komplettes Essen.

Blattsalat
mit gebratenen Apfelspalten

1 Den Radicchio in die einzelnen Blätter teilen und mit dem Feldsalat waschen, gut trockenschütteln. Radicchioblätter in Stücke zupfen oder schneiden.

2 Für das Dressing Apfelessig mit Senf, Dicksaft, Salz und Pfeffer verrühren. Das Öl dazugeben und alles zu einer cremigen Sauce schlagen.

3 Die Äpfel vierteln, schälen, von Kerngehäusen befreien und in Spalten schneiden. Die Butter mit dem Zucker bei mittlerer Hitze in einer Pfanne schmelzen lassen. Die Apfelspalten darin unter Wenden in etwa 4 Min. goldbraun braten. Leicht salzen und pfeffern.

4 Die Salatblätter mit dem Dressing mischen und auf Tellern verteilen. Die Apfelspalten darauf anrichten. Den Salat sofort servieren.

So wird's ein Snack Wer den Salat als kleines Gericht anbieten will, macht etwas mehr Salat. Zusätzlich pro Person 1 runden Ziegen(frisch)käse von etwa 40 g leicht mit Öl bestreichen und in etwa 5 Min. unter den heißen Grillschlangen bräunen.

Vitaminreiches für den Winter
Für 4 Personen
20 Min. Zubereitungszeit
Pro Portion ca.
195 kcal, 1 g EW, 4 g F, 12 g KH

- 200 g Radicchio (am besten der längliche)
- 100 g Feldsalat
- 2 EL Apfelessig
- 1 TL scharfer Senf
- 1/2 TL Apfeldicksaft
- Salz und Pfeffer
- 4 EL Raps- oder Olivenöl
- 2 säuerliche Äpfel
- 1 1/2 EL Butter
- 1 EL Zucker

Kräftige Salate mit herber Note und süßlich säuerliche Äpfel – nicht nur an kalten Tagen ein gelungener Menü-Auftakt.

Avocado-Carpaccio mit Chili-Vinaigrette

erfrischend | Für 4 Personen | 15 Min. Zubereitungszeit
Pro Portion ca. 360 kcal, 2 g EW, 36 g F, 7 g KH

1–2 rote Chilischoten | 1 1/2 Orangen | 1/4 Bund Petersilie
1 EL Limetten- oder Zitronensaft | 4 EL Olivenöl | Salz
1 TL Honig | 2 Avocados | 2 Tomaten

1 Die Chilischoten waschen, mit den Kernen sehr fein hacken. 1 Orange so schälen, dass auch die weiße Haut mit entfernt wird. Orangenfilets herauslösen und fein würfeln. Orangenhälfte auspressen. Die Petersilie waschen, die Blättchen fein hacken. Orangensaft mit Limettensaft und Olivenöl gründlich verrühren. Chili, Petersilie, Salz und Honig untermischen, die Orangenwürfel dazugeben.

2 Die Avocados der Länge nach bis zum Kern rundherum einschneiden. Die Hälften auseinanderlösen und schälen, in dünne Scheiben schneiden. Tomaten waschen und ebenfalls in dünne Scheiben schneiden. Avocado- und Tomatenscheiben auf Tellern auslegen, mit der Vinaigrette bedecken und rasch servieren.

Das geht auch Wer mag, krümelt noch etwas Feta oder jungen Pecorino auf das Carpaccio.

Kalbfleisch-Pilz-Carpaccio

festlich leicht | Für 4 Personen | 1 Std. Gefrierzeit

20 Min. Zubereitungszeit
Pro Portion ca. 220 kcal, 15 g EW, 16 g F, 6 g KH

1 Stück Kalbsfilet (etwa 250 g) | 1 getrocknete Chilischote
100 ml Aceto balsamico | 1 EL Honig | Salz | 200 g größere sehr frische Champignons oder Egerlinge | 5 EL Olivenöl

1 Das Kalbsfilet in Folie wickeln und etwa 1 Std. ins Tiefkühlfach legen. Für die Sauce die Chilischote leicht andrücken und mit Balsamico und Honig in einem Topf erhitzen. Bei starker Hitze in etwa 5 Min. um die Hälfte einkochen lassen. Chili entfernen, die Sauce mit Salz abschmecken.

2 Die Pilze sauber reiben, von den Stielenden befreien. Vier Teller mit Olivenöl bestreichen. Die Pilze in sehr dünne Scheiben schneiden, das Kalbsfilet mit einem scharfen Messer ebenfalls in sehr feine Scheiben teilen. Das Fleisch auf den Tellern auslegen, mit den Pilzen belegen und mit dem übrigen Öl beträufeln. Die Sauce darüberlaufen lassen. Das Carpaccio gleich servieren.

Einkaufstipp Bei diesem Rezept ist es besonders wichtig, auf eine gute Fleischqualität und knackig frische Pilze zu achten.

Mangocarpaccio mit Schwertfisch

exotisch | Für 4 Personen | 20 Min. Zubereitungszeit
Pro Portion ca. 270 kcal, 20 g EW, 16 g F, 9 g KH

1 reife Mango | 1 Stück frischer Ingwer (etwa 1 cm lang)
1 Knoblauchzehe | 2 Zweige Minze | 1 Bio-Limette
3 EL neutrales Öl | 1 EL Haselnuss- oder Walnussöl | Salz und Pfeffer | 400 g frischer Schwertfisch

1 Die Mango schälen, das Fruchtfleisch vom Stein schneiden, in dünne Scheiben schneiden und auf Tellern auslegen. Ingwer und Knoblauch schälen und sehr fein hacken. Die Minze waschen, die Blättchen fein hacken. Die Limette waschen, die Schale fein abreiben, den Saft auspressen.

2 Den Limettensaft mit 1 EL neutralem Öl und dem Nussöl verrühren. Ingwer, Knoblauch, Minze und Limettenschale untermischen, salzen und pfeffern. Auf den Mangoscheiben verstreichen.

3 Den Fisch in Streifen oder dünne Scheiben schneiden. 2 EL Öl in einer Pfanne bei mittlerer Hitze erwärmen. Den Fisch darin 2–3 Min. sanft braten, dabei ein- bis zweimal wenden. Leicht salzen und pfeffern, auf den Mangoscheiben anrichten und gleich servieren.

3x Carpaccio

Avocado-Carpaccio mit Chili-Vinaigrette

Mangocarpaccio mit Schwertfisch

Kalbfleisch-Pilz-Carpaccio

Orientalischer
Vorspeisenteller

super für Feste
Für 4–6 Personen
20 Min. Zubereitungszeit
Pro Portion (bei 6) ca.
360 kcal, 11 g EW, 30 g F, 16 g KH

Für die gebratene Aubergine:
- 1 kleine Aubergine (etwa 250 g)
- 3 EL Olivenöl
- Salz und Pfeffer

Für das Hummus:
- 1 Dose gegarte Kichererbsen (240 g Abtropfgewicht)
- 1 große Bio-Zitrone
- 2 EL Olivenöl
- 100 g Sesampaste (Tahin, Naturkost- oder Asienladen)
- 1/2 TL Harissa oder Sambal oelek
- 1 TL gemahlener Kreuzkümmel
- Salz

Zum Anrichten:
- 150 g Feta
- 100 g schwarze und grüne Oliven (gemischt)
- 1 EL Zitronensaft
- 3 EL Olivenöl
- Salz
- 1 TL rosenscharfes Paprikapulver

1 Die Aubergine waschen, abtrocknen und putzen. In etwa 1 cm dicke Scheiben, diese in ebenso breite Streifen schneiden. In einer Pfanne das Olivenöl erhitzen. Die Aubergine darin bei mittlerer Hitze etwa 5 Min. braten, dabei immer wieder wenden. Mit Salz und Pfeffer würzen und abkühlen lassen.

2 Für das Hummus die Kichererbsen in einem Sieb kalt abspülen und abtropfen lassen. Die Zitrone heiß abwaschen und abtrocknen, die Schale fein abreiben. Den Saft auspressen. Die Kichererbsen mit 40 ml Wasser, 4 EL Zitronensaft, 2 EL Olivenöl und der Sesampaste fein pürieren. Mit Zitronenschale, Harissa, Kreuzkümmel und Salz abschmecken.

3 Den Schafkäse abtropfen lassen und in Stücke krümeln oder schneiden. Die Oliven abtropfen lassen. Kichererbsenpaste und Auberginenstreifen mit Schafkäse und Oliven auf vier Tellern anrichten. 1 EL Zitronensaft mit dem Öl, Salz und dem Paprikapulver verrühren und über Auberginen und Schafkäse träufeln. **Dazu passt frisch aufgebackenes Fladenbrot.**

Küchentipp: Kichererbsen selber garen

Kichererbsenpaste (Hummus) ist mit Kichererbsen aus dem Glas im Nu fertig. Für Feste und größere Mengen lohnt es sich aber, die Kichererbsen selber zu kochen. Die Hülsenfrüchte über Nacht mit Wasser bedeckt einweichen, am nächsten Tag abgießen und mit frischem Wasser zum Kochen bringen. Natron (pro 250 g getrockneter Kichererbsen 2–3 TL) dazugeben (damit garen sie schneller und werden weicher) und die Kichererbsen bei mittlerer Hitze in 1–2 Std. weich garen. Die Garzeit hängt vom Alter der Kichererbsen ab. Abgießen, abkühlen lassen und weiter verarbeiten.

Das geht auch Aubergine durch Zucchini oder auch schmale längliche Peperoni (mild bis mittelscharf, vom türkischen oder griechischen Gemüsegeschäft) ersetzen, diese ebenso braten.

Für zwei Nur die Kichererbsenpaste machen und mit halbierten Cocktailtomaten, Gurkenstiften und Fladenbrot servieren.

3x schnelle edle Suppen

Kürbissuppe mit Orange

Kastaniencremesuppe

Kokossuppe mit Meerbarbenfilets

Kastaniencremesuppe

für kalte Tage | Für 4 Personen | 20 Min. Zubereitungszeit
Pro Portion ca. 380 kcal, 4 g EW, 19 g F, 47 g KH

2 Schalotten | 2 Zweige Thymian | 4 Wacholderbeeren
400 g gegarte Esskastanien (Vakuumpack) | 2 EL Butter
1 l Gemüsebrühe | 100 g Crème fraîche | Salz und Pfeffer
Muskatnuss, frisch gerieben | 2 TL Zitronensaft

1 Die Schalotten schälen und klein würfeln. Den Thymian waschen, die Blättchen von den Stielen streifen. Die Wacholderbeeren im Mörser fein zerdrücken. 4–5 Esskastanien beiseite legen, den Rest grob würfeln.

2 Schalotten mit Thymian und Wacholder in 1 EL Butter andünsten. Gewürfelte Kastanien kurz mitbraten, mit der Brühe aufgießen und zum Kochen bringen. Offen etwa 5 Min. köcheln lassen. Inzwischen die übrigen Kastanien fein hacken. 1 EL Butter zerlassen und die Kastanien darin bei mittlerer Hitze unter Rühren knusprig braten.

3 Die Kastaniensuppe fein pürieren. 50 g Crème fraîche kräftig unterschlagen. Die Suppe mit Salz und Pfeffer, Muskat und Zitronensaft abschmecken. In Teller verteilen, mit gebratenen Kastanien und Crème fraîche garnieren.

Suppendeko Wer die Suppe optisch noch ein bisschen aufpeppen will: saure Sahne mit Kresse verrühren und jeweils 1 Klecks auf die Suppe setzen.

Kokossuppe mit Meerbarbenfilets

fein asiatisch | Für 4 Personen | 30 Min. Zubereitungszeit
Pro Portion ca. 240 kcal, 13 g EW, 16 g F, 8 g KH

1 Stück frischer Ingwer (etwa 4 cm lang) | 1 Bio-Limette
2 rote Chilischoten | 150 g Cocktailtomaten | 1 Bund Frühlingszwiebeln | 1/4 Bund Koriandergrün | 400 g Kokosmilch
400 ml Gemüsefond oder -brühe | 300 g Meerbarbenfilets
Salz | 1 Prise gemahlener Koriander | 1 TL Zucker

1 Ingwer schälen und in feine Streifen schneiden. Limette heiß waschen, Schale dünn abschneiden und in feine Streifen schneiden. Den Saft auspressen. Chili waschen und mit den Kernen in Ringe schneiden. Tomaten waschen und halbieren. Frühlingszwiebeln waschen, putzen und in feine Ringe schneiden. Koriander waschen, Blättchen fein schneiden.

2 Kokosmilch und Fond mit Ingwer, Limettenschale, Chiliringen und Frühlingszwiebeln erwärmen und offen etwa 5 Min. leise köcheln lassen.

3 Die Fischfilets mit der Haut in mundgerechte Stücke schneiden. Die Suppe mit 2 EL Limettensaft, Salz, Koriander und Zucker abschmecken. Fisch und Tomaten untermischen, nur heiß werden lassen. Koriander unterrühren, servieren. **Dazu passt frisch gebackenes Krupuk (Krabbenbrot).**

Kürbissuppe mit Orange

aromatisch | Für 4 Personen | 25 Min. Zubereitungszeit
Pro Portion ca. 215 kcal, 4 g EW, 14 g F, 16 g KH

1 Stück Kürbis (etwa 800 g) | 1 Stück Ingwer (etwa 4 cm lang)
2 Knoblauchzehen | 2 EL Butter | 1 l Gemüsebrühe
1 Bio-Orange | 2 EL Crème fraîche | Salz und Pfeffer
2 EL Kürbiskerne | 1 EL Salatpesto (s. Seite 134)

1 Den Kürbis von den Kernen und dem faserigen Fruchtfleisch befreien, schälen und in kleine Würfel schneiden. Ingwer und Knoblauch schälen und fein hacken.

2 Ingwer und Knoblauch in einem Topf in 1 EL Butter andünsten. Kürbiswürfel kurz mitdünsten. Mit der Brühe aufgießen und aufkochen. Die Suppe zugedeckt bei mittlerer Hitze etwa 15 Min. kochen, bis der Kürbis schön weich ist.

3 Die Orange waschen, die Hälfte der Schale dünn abschneiden und fein hacken, den Saft auspressen. Die Suppe im Topf fein pürieren. Orangensaft und -schale mit der Crème fraîche unterrühren, die Suppe salzen und pfeffern.

4 Die Kürbiskerne in der übrigen Butter leicht braun werden lassen. Die Suppe in Teller verteilen und mit den Kürbiskernen und je 1 Klecks Pesto garniert servieren.

Nudeln & Co.

Zitronensauce mit Kaviar

mit topfrischen Zutaten | Für 4 Personen
15 Min. Zubereitungszeit
Pro Portion ca. 210 kcal, 3 g EW, 21 g F, 2 g KH

250 g sehr frische Sahne | 2 Zweige Basilikum | 1 Bio-Zitrone
Salz und Pfeffer | 50 g Lachsforellenkaviar

1 Sahne in einem Topf bei mittlerer Hitze in etwa 8 Min. cremig einkochen lassen. Inzwischen Basilikum waschen und die Blättchen fein hacken. Zitrone heiß waschen und abtrocknen, die Schale fein abreiben.

2 Zitronenschale und Basilikum unter die Sahne mischen, salzen und pfeffern. Zitronensahne mit frisch gekochten Nudeln mischen, in Teller füllen und mit dem Kaviar garnieren. **Passt zu Spaghetti oder feinen grünen Bandnudeln.**

Butterpilze mit Trüffeln

exklusiv | Für 4 Personen | 15 Min. Zubereitungszeit
Pro Portion ca. 145 kcal, 2 g EW, 15 g F, 1 g KH

300 g ganz frische Egerlinge oder Steinpilze
2 Zweige Thymian | 1 schwarze oder weiße Trüffel (20–40 g)
70 g Butter | Salz und Pfeffer | 1 TL Zitronensaft

1 Die Pilze sauber abreiben, von Stielenden befreien und in dünne Scheiben schneiden. Den Thymian waschen, trockenschütteln, Blättchen abstreifen. Die Trüffel mit einer kleinen Bürste säubern, schwarze eventuell dünn schälen.

2 50 g Butter in einer Pfanne aufschäumen lassen. Pilze und Thymian darin bei mittlerer Hitze unter Rühren 3–4 Min. braten. Mit Salz, Pfeffer und Zitronensaft abschmecken. Die restliche Butter klein würfeln und mit den Pilzen und frisch gekochten Nudeln mischen. In vorgewärmte Teller verteilen. Trüffel dünn darüberhobeln, rasch servieren. **Passt zu schmalen Bandnudeln.**

Safrantomaten mit Ziegenkäse

Luxus extraschnell | Für 4 Personen | 10 Min. Zubereitungszeit
Pro Portion ca. 150 kcal, 8 g EW, 12 g F, 1 g KH

400 g Cocktailtomaten | 2 EL Butter | 1 Döschen Safranfäden (0,1 g) | Salz, Pfeffer und Zucker | 1/2 Bund Basilikum 150 g Ziegen(frisch)käse

1 Die Tomaten waschen und halbieren. Die Butter bei schwacher Hitze schmelzen, die Safranfäden zwischen den Fingern zerreiben und in der Butter 1–2 Min. ziehen lassen. Die Tomaten dazugeben und erwärmen. Mit Salz, Pfeffer und 1 Prise Zucker abschmecken.

2 Basilikum waschen, Blättchen in Stücke zupfen. Tomaten mit frisch gekochten Nudeln mischen und in vorgewärmten Tellern verteilen. Mit Basilikum und Ziegenkäse in kleinen Stücken garnieren. **Passt zu Fusilli oder Orecchiette.**

Schinkenstreifen in Limetten-Butter

italienisch-asiatisch | Für 4 Personen | 10 Min. Zubereitungszeit
Pro Portion ca. 265 kcal, 14 g EW, 26 g F, 2 g KH

2 Knoblauchzehen | 1 Bio-Limette | 200 g Parmaschinken in dünnen Scheiben | 50 g Butter | 1 Prise Chilipulver Salz | ein paar Blättchen Minze oder Zitronenmelisse

1 Den Knoblauch schälen und in dünne Scheiben schneiden. Die Limette heiß waschen und abtrocknen, die Schale dünn abschneiden und in feine Streifen schneiden. Den Schinken ohne Fettrand ebenfalls in Streifen schneiden.

2 Die Butter zerlassen, aber nicht zu heiß werden lassen. Knoblauch darin 1–2 Min. dünsten. Limettenschale und Schinken dazugeben und nur erwärmen. Mit Chili und wenig Salz abschmecken. Schinken mit frisch gekochten Nudeln mischen, in vorgewärmte Teller geben und mit Minze oder Melisse garnieren. **Passt zu dünnen Bandnudeln, besonders fein mit selbst gemachten.**

Hausgemachte Nudeln

einfach unschlagbar
Für 4 Personen
50 Min. Zubereitungszeit
1 1/2 Std. Ruhezeiten
Pro Portion ca. 340 kcal, 13 g EW, 8 g F, 53 g KH

300 g Mehl aus Hartweizen
3 Eier
1 EL Olivenöl
Salz

1 Das Mehl mit den Eiern, dem Öl und 1 TL Salz zu einem glatten geschmeidigen Teig verkneten. Zu einer Kugel formen, in ein Küchentuch wickeln und bei Zimmertemperatur 30 Min. ruhen lassen.

2 Dann den Teig portionsweise (den Rest immer im Tuch lassen, damit er nicht austrocknet) in der Nudelmaschine oder auf wenig Mehl mit der Nudelrolle zu dünnen Platten ausrollen. Die Platten zu Bandnudeln schneiden, mit etwas Mehl mischen und auf Küchentüchern ausgebreitet mindestens 1 Std. antrocknen lassen.

3 Frische Nudeln brauchen in kochendem Salzwasser eine Garzeit von nur 2–3 Min., bis sie al dente sind.

Für zwei Trotzdem die ganze Menge der Nudeln herstellen. Die Hälfte gleich essen, den Rest im Kühlschrank für 1 oder 2 Tage aufheben. Oder sehr gut trocknen lassen. Dabei immer wieder wenden, damit die Pasta gleichmäßig trocknet. Die Nudeln müssen die gleiche Konsistenz bekommen wie gekaufte. In ein Schraubglas verpacken und bis zum nächsten Pastaessen aufbewahren.

Kalte Saucen zum Vorbereiten

Olivenpaste mit getrockneten Tomaten

100 g schwarze entsteinte Oliven und 50 g getrocknete, in Öl eingelegte Tomaten abtropfen lassen und grob zerkleinern. 2 EL geschälte Mandeln oder Pinienkerne grob hacken. Alles mit 5 EL Olivenöl im Blitzhacker fein zerkleinern und mit Salz, Pfeffer und Chilipulver abschmecken. Die Paste schmeckt nicht nur zu Nudeln, sondern auch auf geröstetem Brot oder – mit Ricotta oder Frischkäse verrührt – zum Dippen von Gemüse (im Bild oben links).

Feldsalatpesto mit Kürbiskernen

100 g Feldsalat waschen und trocken schleudern. Die Wurzelansätze entfernen, die Blätter grob hacken. 70 g Kürbiskerne in einer Pfanne ohne Fett bei mittlerer Hitze unter Rühren rösten, bis sie würzig duften. Feldsalat und Kürbiskerne mit 100 ml Rapsöl im Blitzhacker fein zerkleinern, mit 2 TL Kürbiskernöl und 1/2 TL Tomatenmark mischen und mit Salz und Pfeffer abschmecken. Mit frisch gekochten Nudeln mischen (im Bild oben rechts).

Marinierte Mozzarellawürfel

250 g Mozzarella klein würfeln. 4 Sardellenfilets in Öl, 1 EL Kapern und 1 EL grüne entsteinte Oliven abtropfen lassen und fein hacken. 2 Frühlingszwiebeln waschen, putzen und mit dem knackigen Grün fein hacken. 2 eingelegte Peperoni von den Stielen befreien und ebenfalls klein schneiden. 1/2 Bio-Zitrone heiß waschen und abtrocknen, die Schale fein abreiben 1/2 TL getrockneten Thymian zwischen den Fingern zerreiben, mit 4 EL Olivenöl und den klein geschnittenen Zutaten unter die Mozzarellawürfel rühren und mit Salz abschmecken. 1 Std. bei Zimmertemperatur ziehen lassen. Frisch gekochte heiße Nudeln in einer vorgewärmten Schüssel mit dem Käse mischen. Kurz ziehen lassen und in warmen Tellern mit Basilikumblättchen und Parmesan bestreut servieren. (im Bild unten).

In Italien eine Selbstverständlichkeit – bei uns noch eine Neuentdeckung: Salat schmeckt gegart ebenso gut wie frisch!

macht Eindruck
Für 4 Personen
20 Min. Zubereitungszeit
Pro Portion ca.
690 kcal, 29 g EW, 28 g F, 77 g KH

Tagliatelle
mit Endivie und Räucherlachs

- Salz
- 400 g Tagliatelle
- 400 g Endiviensalat
- 1 weiße Zwiebel
- 200 g Räucherlachs in dünnen Scheiben
- einige Zweige Petersilie
- 2 EL Butter
- 2 EL Noilly Prat nach Belieben
- 150 g Sahne
- Pfeffer
- 1 TL Zitronensaft

1 Für die Nudeln reichlich Wasser zum Kochen bringen und salzen. Die Nudeln darin nach Packungsangabe al dente garen.

2 Schon während das Nudelkochwasser heiß wird, die Salatblätter auseinanderlösen, waschen, trocken schütteln und in Streifen schneiden. Die Zwiebel schälen, vierteln und in feine Streifen schneiden. Den Lachs in Stückchen zupfen. Die Petersilie waschen, die Blättchen fein hacken.

3 Die Butter zerlassen, die Zwiebel darin andünsten. Den Endiviensalat dazugeben und bei mittlerer Hitze unter Rühren 3–4 Min. dünsten, bis die Blätter zusammenfallen. Nach Belieben mit dem Noilly Prat ablöschen, die Sahne angießen und einmal kräftig aufkochen lassen. Lachs und Petersilie untermischen und heiß werden lassen. Nudelsauce mit Salz, Pfeffer und dem Zitronensaft abschmecken. Die Nudeln abgießen und gleich mit der Sauce mischen. In vorgewärmten Tellern servieren.

Das geht auch Lachs durch roh geräucherten Schinken (Parma, San Daniele oder Serrano) ersetzen, statt Endiviensalat Blattspinat nehmen.

Reisnudeln
mit Korianderhuhn

würzig und schön saftig
Für 4 Personen
30 Min. Zubereitungszeit
Pro Portion ca.
605 kcal, 43 g EW, 13 g F, 109 g KH

- 1/2 Bund Koriandergrün
- 1 Stück frischer Ingwer (etwa 4 cm lang)
- 4 Knoblauchzehen
- 1 TL Koriandersamen
- 3 EL Sojasauce
- 1 EL Sesamöl
- 2 EL Limettensaft
- 400 g Hähnchenbrustfilet
- 200 g Zuckerschoten oder TK-Erbsen
- Salz
- 400 g mittelbreite Reisnudeln
- 150 g Cocktailtomaten
- 2 EL neutrales Öl

1 Das Koriandergrün waschen, die Blättchen abzupfen. Ein paar beiseitelegen, den Rest sehr fein hacken. Ingwer und Knoblauch schälen und durch die Knoblauchpresse drücken. Die Koriandersamen im Mörser zerdrücken und mit dem gehackten Koriander, der Ingwermischung, Sojasauce, Sesamöl und Limettensaft verrühren.

2 Das Hähnchenfleisch in feine Streifen schneiden und mit der Sauce mischen. Die Zuckerschoten waschen, putzen und schräg in 3 cm lange Stücke schneiden. In kochendem Salzwasser 2 Min. blanchieren, herausheben, kalt abschrecken und abtropfen lassen. Die Reisnudeln im kochenden Salzwasser je nach Dicke 3–5 Min. kochen. Die Tomaten waschen und halbieren.

3 Gleichzeitig das Öl erhitzen. Das Fleisch abtropfen lassen und im Öl bei starker Hitze 2 Min. rührbraten. Die Zuckerschoten 1 Min. mitbraten, Tomaten und Sauce vom Huhn untermischen und nur erwärmen. Salzen. Nudeln abgießen und mit der Sauce mischen. Mit dem übrigen Koriandergrün bestreuen.

Aroma-Kick 4 getrocknete Chilischoten im Mörser fein zerkrümeln, mit 1/4 Bund gehacktem Koriandergrün und 2 TL Zucker mischen und zum Bestreuen der Nudeln mit auf den Tisch stellen.

Zitronenrisotto
mit Kaninchen

schön cremig
Für 4 Personen
30 Min. Zubereitungszeit
Pro Portion ca.
745 kcal, 31 g EW, 27 g F, 85 g KH

- 1 Bund Frühlingszwiebeln
- 2 Knoblauchzehen
- 1 große Bio-Zitrone
- 50 g Butter
- 400 g Risottoreis
- 1/8 l trockener Weißwein oder Prosecco (ersatzweise Brühe)
- 1 l warme Gemüse- oder Kalbfleischbrühe
- 2 Kaninchenrückenfilets (etwa 340 g)
- 2 Zweige Thymian
- 1 EL Pinienkerne
- Salz und Pfeffer
- 50 g frisch geriebener Pecorino
- 2 EL Sahne

1 Die Frühlingszwiebeln waschen und putzen. Einen Teil des knackigen Grüns beiseitelegen, die übrigen Zwiebeln in feine Ringe schneiden. Den Knoblauch schälen und fein hacken. Die Zitrone heiß waschen und abtrocknen, die Hälfte der Schale dünn (ohne die weiße bittere Haut) abschneiden und fein hacken.

2 1 EL Butter in einem Topf erhitzen, Zwiebelringe mit Knoblauch darin andünsten. Den Reis ungewaschen dazugeben und gut durchrühren, mit dem Wein aufgießen und diesen unter Rühren verdampfen lassen. Die Zitronenschale dazugeben und 1 Schöpfer Brühe angießen. Den Risotto offen bei mittlerer Hitze bissfest garen. Dabei sehr häufig durchrühren und immer wieder Brühe nachgießen. Der Reis braucht etwa 18 Min., bis er gar ist.

3 Inzwischen die Kaninchenfilets trocken tupfen und in dünne Scheiben schneiden. Den Thymian waschen und trocken schütteln, die Blättchen von den Stielen streifen. Die übrige Zitronenschale abreiben, den Saft auspressen. Das restliche Zwiebelgrün fein schneiden.

4 Die Hälfte der übrigen Butter zerlassen, das Kaninchenfleisch darin bei mittlerer Hitze mit dem Thymian und den Pinienkernen in 2–3 Min. sanft braten. Salzen und pfeffern.

5 Die übrige Butter würfeln und mit dem Käse, dem Zitronensaft und der -schale sowie der Sahne unter den Reis rühren. Mit Salz und Pfeffer abschmecken und in vorgewärmte Teller verteilen. Mit dem Kaninchenfleisch und dem Zwiebelgrün garnieren und gleich servieren.

Küchentipp: Risotto garen
Wichtig bei der Zubereitung ist vor allem eines: So viel wie möglich rühren, damit der Reis schön sämig wird. Außerdem wird die Flüssigkeit nach und nach zugegeben und zwar immer nur so viel, dass der Reis wieder gerade davon bedeckt ist. Sobald die Flüssigkeit im Topf wieder weniger wird, kommt der nächste Schöpfer dazu.

Das geht auch In einem Risotto kann man die verschiedensten Gemüsesorten mitgaren. Gut schmecken Steinpilze (frische und/oder getrocknete), grüner Spargel, Kürbis, Rote Bete, Erbsen, Zucchini oder auch Paprikawürfel. In diesem Fall das Kaninchenfleisch weglassen und zum Schluss nur die Butter mit dem Käse unter den Reis heben.

Warenkunde Risottoreis
Risotto ist die inneritalienische Konkurrenz zur Pasta. Der Reis dafür ist ein Mittelkornreis. Als der feinste gilt der Carnarolireis, auf »Platz 2« folgte die Sorte Baldo (beide aus dem Piemont) und der Vialone Nano aus dem Veneto. Nicht ganz so fein, aber trotzdem geeignet ist der ebenfalls piemontesische Arborio. Kaufen können Sie Risottoreis im gut sortierten Supermarkt, der Lebensmittelabteilung guter Kaufhäuser und natürlich im italienischen Feinkostladen.

Ein Reisgericht von der feinen Art – weil Reis und Hackbällchen zusammen im Topf landen, geben sie sich gegenseitig noch mehr Aroma!

Auberginen-Reis
mit Hackbällchen

edel und mediterran
Für 4 Personen
45 Min. Zubereitungszeit
Pro Portion ca.
815 kcal, 35 g EW, 42 g F, 71 g KH

0,1 g Safranfäden (Döschen oder Briefchen)
650 ml Gemüse- oder Fleischbrühe
1 Aubergine (etwa 300 g)
2 Knoblauchzehen
4 Zweige Thymian
4 EL Olivenöl
300 g Langkornreis
Salz und Pfeffer
50 g entsteinte grüne Oliven
500 g gemischtes Hackfleisch
1 Ei | 50 g Semmelbrösel
1 TL edelsüßes Paprikapulver
1 Fleischtomate

Das geht auch Statt Aubergine Paprika, Zucchini oder Pilze nehmen, den Safran durch Paprikapulver (rosenscharf und edelsüß gemischt) ersetzen.

1 Den Safran zwischen den Fingern leicht zerreiben und mit 50 ml Brühe verrühren. Die Aubergine waschen, putzen und in etwa 1/2 cm große Würfel schneiden. Den Knoblauch schälen und fein hacken. Den Thymian waschen, trocken schütteln und die Blättchen abstreifen.

2 Aubergine in einem Topf in 2 EL Olivenöl andünsten. Knoblauch und Thymian kurz mitdünsten. Den Reis untermischen. Den angerührten Safran mit der übrigen Brühe dazugeben, den Reis salzen, pfeffern und zugedeckt bei schwacher Hitze in 15–20 Min. ausquellen lassen.

3 Inzwischen die Oliven klein würfeln. Mit Hackfleisch, Ei, Semmelbröseln, Salz, Pfeffer und Paprika gründlich verkneten und zu etwa tischtennisballgroßen Bällchen formen. In 2 EL Öl bei mittlerer Hitze rundum etwa 5 Min. braten. Die Tomate waschen oder häuten und sehr klein würfeln.

4 Tomate und Hackbällchen vorsichtig unter den Reis mischen und zugedeckt noch einmal ein paar Min. ziehen lassen. Abschmecken und servieren. **Dazu schmecken Blattsalat oder Blattspinat mit Zitrone und frisches Weißbrot.**

Küchentipp: Umgang mit Safran
Safran schmeckt am besten, wenn man die Fäden verwendet. Man braucht davon nur ganz wenig, um Gerichte aromatisch abzuschmecken und appetitlich gelb zu färben. Safranfäden leicht zwischen den Fingern zerreiben und in Flüssigkeit anrühren. Man kann sie darin auch eine Zeit lang stehen lassen, dann bekommt das Gericht noch mehr Farbe.

Fisch-Bulgur
mit Tomate und Granatapfel

macht wenig Arbeit
Für 4 Personen
30 Min. Zubereitungszeit
Pro Portion ca.
650 kcal, 37 g EW, 28 g F, 67 g KH

1 Die Schalotten und den Knoblauch schälen und fein hacken. Die Tomaten mit kochendem Wasser überbrühen, kurz ziehen lassen, abschrecken und häuten. Klein würfeln. Den Bulgur in einem Sieb kalt abspülen.

2 Schalotten und Knoblauch in einem Topf im Öl andünsten. Bulgur kurz mitbraten. Brühe dazugießen, Tomaten unterrühren. Mit den Gewürzen abschmecken und zugedeckt bei schwacher Hitze etwa 20 Min. quellen lassen.

3 Inzwischen den Fisch etwa 2 cm groß würfeln, mit dem Limettensaft beträufeln. Den Granatapfel halbieren und in Stücke brechen. Die Kerne auslösen. Die Minze waschen, die Blättchen in feine Streifen schneiden.

4 Die Fischwürfel in der Butter bei mittlerer Hitze unter vorsichtigem Wenden etwa 2 Min. braten, salzen. Fisch, die Hälfte der Granatapfelkerne und die Minze vorsichtig unter den Bulgur heben. Abschmecken und mit den übrigen Kernen bestreuen. **Dazu passen Fladenbrot (am besten frisch aufgebacken) und Joghurt, mit etwas Minze und Koriander abgeschmeckt.**

2 Schalotten
2 Knoblauchzehen
400 g Tomaten
300 g Bulgur
1 EL Olivenöl
650 ml Gemüsebrühe oder Fischfond
Salz und Pfeffer
1 TL gemahlener Koriander
1 TL edelsüßes Paprikapulver
1 Prise Zimtpulver
500 g festfleischiges Fischfilet
1 EL Limetten- oder Zitronensaft
1 Granatapfel
2 Zweige Minze
1 EL Butter

ideal für Gäste
Für 4 Personen
25 Min. Zubereitungszeit
20–25 Min. Backzeit
Pro Portion ca.
880 kcal, 48 g EW, 49 g F, 61 g KH

- Salz
- 300 g Instant-Couscous
- 500 g Lammkeule ohne Knochen
- je 2 Zweige Rosmarin, Thymian und Oregano
- 4 Salbeiblättchen
- 2 Knoblauchzehen
- 1 große Bio-Orange
- 4 EL Olivenöl
- Pfeffer | Chilipulver
- 300 g junge Zucchini
- 1 große rote Paprikaschote
- 200 g Feta
- 300 g Joghurt
- 2 Eier

Lammcouscous

aus dem Ofen mit Fetahaube

1 In einem Topf 3/8 l Salzwasser zum Kochen bringen. Couscous einrühren, den Topf vom Herd ziehen und den Couscous zugedeckt 5 Min. quellen lassen.

2 Inzwischen Fleisch von Fett und Sehnen befreien und in Streifen schneiden. Kräuter waschen und trocken schütteln, fein hacken. Knoblauch schälen und in dünne Scheiben schneiden. Orange heiß waschen und abtrocknen, Schale fein abreiben. Orange so schälen, dass auch die weiße Haut entfernt wird. Filets zwischen den Trennwänden herausschneiden und würfeln.

3 Den Backofen auf 200° vorheizen. Fleisch im Öl in zwei Portionen kräftig anbraten. In einer Schüssel mit Kräutern, Knoblauch und Orangenschale mischen und mit Salz, Pfeffer und Chili abschmecken.

4 Gemüse waschen, putzen und klein würfeln. Couscous mit einer Gabel auflockern und mit Fleisch, Gemüse und Orange in einer feuerfesten Form mischen. Feta grob würfeln, mit Joghurt und Eiern fein pürieren. Mit Salz (vorsichtig, der Käse ist salzig) und Pfeffer abschmecken und auf der Couscousmasse verteilen. Im Ofen (Mitte, Umluft 180°) 20–25 Min. schön braun backen.

Polenta-Wurst-Pflänzchen
mit Tomatensalsa

deftig und frisch
Für 4 Personen
35 Min. Zubereitungszeit
Pro Portion ca.
495 kcal, 17 g EW, 34 g F, 30 g KH

- Salz
- 150 g Polenta
- 200 g Salsiccia (s. Tipp)
- 1/2 Bund Petersilie
- 2 Knoblauchzehen
- 2 Eier (Größe S)
- 50 g frisch geriebener Parmesan
- Pfeffer
- 4 EL Olivenöl
- 500 g reife Tomaten
- 1/2 Bund Basilikum
- 2 EL Kapern
- 1 EL schwarze entsteinte Oliven
- 2 TL Aceto balsamico

1 Für die Polenta 1/2 l Wasser mit Salz zum Kochen bringen. Die Polenta einrühren und zugedeckt bei sehr schwacher Hitze etwa 10 Min. quellen lassen. Dann in eine Schüssel füllen und lauwarm abkühlen lassen.

2 Inzwischen die Wurstmasse aus der Haut drücken und in kleine Stücke zerkrümeln. Die Petersilie waschen und trockenschütteln, die Blättchen fein hacken. Den Knoblauch schälen und ebenfalls fein hacken.

3 Wurst, Petersilie, Knoblauch, Eier und Käse zur Polenta geben, alles pfeffern und eventuell leicht salzen, kräftig durchkneten. Aus der Masse 8 gleich große Pflänzchen formen.

4 In einer großen Pfanne 2 EL Olivenöl erhitzen, die Polentapflänzchen hineingeben, leicht flach drücken. Bei mittlerer Hitze pro Seite 5–6 Min. braten.

5 Inzwischen die Tomaten waschen und in möglichst kleine Würfel schneiden. Das Basilikum waschen, die Blättchen abzupfen und in Streifen schneiden. Kapern und Oliven fein hacken. Tomaten mit Basilikum, Kapern, Oliven, Balsamico und 2 EL Öl verrühren und mit Salz und Pfeffer abschmecken. Zu den Pflänzchen servieren.

Einkaufstipp: Salsiccia ist eine rohe italienische Bratwurst. Ersatzweise verwenden Sie Schweinemett und ein paar getrocknete Kräuter.

Variante: Polenta als Beilage

Instant-Polenta ist in 5 Min. fertig und daher eine ganz schnelle Beilage zu allen Gerichten mit Sauce. Wer sie abwandeln will:

- Frisch gehackte Kräuter und ein paar Tomatenwürfel untermischen.
- Geriebenen Parmesan und etwas Butter unterheben.
- Kurz gebratene kleine Zucchiniwürfel und Salbei zugeben.
- Für Polentaschnitten den Brei auf ein Brett streichen, abkühlen und fest werden lassen. In Rauten schneiden und in Butter und Öl auf beiden Seiten knusprig braten.

Saucenhits zu Fisch

Quittensauce

pikant | Für 4 Personen | 10 Min. Zubereitungszeit
Pro Portion ca. 100 kcal, 0 g EW, 6 g F, 7 g KH

**1 rote Chilischote | 2 EL Olivenöl | 1/8 l Noilly Prat oder trockener Weißwein (ersatzweise Gemüsebrühe)
2 EL Quittengelee | 2 TL scharfer Senf (z. B. Dijonsenf)
Salz und Pfeffer**

1 Die Chilischote waschen, putzen und mit den Kernen fein hacken. Öl in einer Pfanne erhitzen, Chili darin kurz andünsten, den Noilly Prat angießen und gut aufkochen lassen.

2 Quittengelee und Senf unterrühren und die Sauce mit Salz und Pfeffer würzen. **Passt zu aromatischem Fisch, z. B. Thunfisch oder Schwertfisch.**

Mango-Limetten-Tatar

schön fruchtig | Für 4 Personen | 25 Min. Zubereitungszeit
Pro Portion ca. 110 kcal, 1 g EW, 8 g F, 9 g KH

**1 Bio-Limette | 1 Stück grüne Paprikaschote (etwa 50 g)
2 Frühlingszwiebeln | 2 EL grüne entsteinte Oliven | 1 Mango
2 EL neutrales Öl | Salz und gemahlener Koriander**

1 Die Limette heiß waschen und abtrocknen, die Schale fein abreiben, den Saft auspressen. Die Paprika waschen, die Frühlingszwiebeln waschen und putzen, beides mit den Oliven fast musig hacken.

2 Mango schälen und das Fruchtfleisch vom Kern schneiden. Sehr fein würfeln, mit Limettenschale und -saft, Paprikamischung und Öl verrühren und mit Salz und 1 Prise Koriander abschmecken. **Passt zu gegrilltem Tintenfisch, gebratenen Garnelen und zu Mittelmeerfisch wie Rotbarbe oder Schwertfisch.**

Tomaten-Avocado-Tatar

angenehm würzig | Für 4 Personen | 10 Min. Zubereitungszeit
Pro Portion ca. 175 kcal, 1 g EW, 18 g F, 2 g KH

250 g Tomaten | 1 rote Zwiebel | 2 Knoblauchzehen | 1 Stück rote Chilischote | 1/2 Bund Petersilie oder Koriandergrün | 1 fleischige Avocado | 1 EL Balsamico bianco | 2 EL Olivenöl | Salz | 1 Msp. Honig oder 1 Prise Zucker

1 Tomaten waschen und ohne die Stielansätze grob schneiden. Zwiebel und Knoblauch schälen, grob hacken und mit Chili und Tomaten im Blitzhacker fein zerkleinern. Petersilie waschen, Blättchen sehr fein schneiden. Avocado halbieren, entkernen, schälen und sehr klein würfeln.

2 Zwiebelmischung, Petersilie und Avocado mischen und mit Balsamico und Olivenöl verrühren. Mit Salz und Honig abschmecken und bis zum Servieren zugedeckt ziehen lassen. **Passt zu pochiertem und gedämpftem Fisch, zu frisch gekochten kurzen Nudeln, zum Dippen mit Tortillachips oder zu gebratenen Lammfilets oder Hühnerfleisch.**

Wein-Kerbel-Schaum

Kräuter-Klassiker | Für 4 Personen | 30 Min. Zubereitungszeit
Pro Portion ca. 245 kcal, 1 g EW, 20 g F, 4 g KH

1 Handvoll Kerbel | 2 Schalotten | 1 TL Pfefferkörner | 1/4 l trockener Weißwein oder Prosecco | 1/4 l Fischfond (vom Fischhändler) | 100 g Sahne | 50 g kalte Butter | 1 TL Zitronensaft | Salz und Pfeffer

1 Den Kerbel waschen und trocken schütteln, die Blättchen abzupfen. Die Schalotten schälen und in Ringe schneiden. Kerbelstiele, Schalotten und Pfefferkörner mit Wein und Fischfond zum Kochen bringen und offen bei starker Hitze auf die Hälfte einkochen lassen (dauert etwa 15 Min.).

2 Durch ein Sieb in einen zweiten Topf gießen, die Sahne dazugeben, nochmals etwa 5 Min. einkochen lassen. Die Kerbelblättchen fein hacken, die Butter klein würfeln. Die Sauce mit Zitronensaft, Salz und Pfeffer würzen, Butter und Kerbel mit dem Schneebesen unterschlagen. **Passt zu pochiertem und gebratenem Fisch, besonders zu Edelfisch wie Seezungenfilets, Seeteufel oder Zander.**

würzig und leicht
Für 4 Personen
25 Min. Zubereitungszeit
Pro Portion ca.
125 kcal, 17 g EW, 4 g F, 1 g KH

3 Stangen Zitronengras
1 Stück frischer Ingwer (etwa 4 cm lang)
2 Knoblauchzehen
700 g große rohe Garnelen in der Schale
2 TL Korianderkörner
1 EL neutrales Öl
1 TL Pfefferkörner
1 Prise Zucker
50 ml Reiswein oder trockener Sherry nach Belieben
Salz
4 Zweige Koriandergrün

Garnelen
im Zitronengrassud

1 Das Zitronengras putzen und in etwa 5 cm lange Stücke schneiden. Leicht mit dem Hammer klopfen. Ingwer und Knoblauch schälen, in dickere Scheiben schneiden. Die Garnelen aus den Schalen brechen. Am Rücken leicht einschneiden, den dunklen Darm herauslösen und die Garnelen waschen.

2 Die Garnelenschalen mit dem Koriander im Öl 1–2 Min. rösten. Zitronengras, Ingwer, Knoblauch, Pfeffer und Zucker dazugeben, mit Reiswein ablöschen und mit 1 l Wasser auffüllen. Den Sud offen bei mittlerer Hitze etwa 15 Min. köcheln lassen, dann in einen anderen Topf sieben und salzen. Die Garnelen einlegen und zugedeckt bei schwacher Hitze in etwa 2 Min. gar ziehen lassen.

3 Das Koriandergrün waschen, die Blättchen fein hacken. Die Garnelen mit etwas Sud auf einer Platte anrichten. Mit dem Koriander bestreut servieren. **Dazu schmecken Buchweizennudeln, Reis oder Glasnudeln.**

Für zwei Etwa 350 g Garnelen nehmen. Genauso viel Sud kochen, da die Garnelen sanfter garen, wenn sie ganz im Sud liegen. Den Sud nicht wegwerfen, sondern als Grundlage für eine Suppe nehmen oder in kleinen Portionen einfrieren und für die Zubereitung von Saucen verwenden.

Lachsfilets
im Kürbissud

herbstlich würzig
Für 4 Personen
40 Min. Zubereitungszeit
Pro Portion ca.
625 kcal, 34 g EW, 46 g F, 9 g KH

1 Stück Kürbis (etwa 500 g, am besten Muskatkürbis, Hokkaido oder Butternut)
1/4 l trockener Weißwein (ersatzweise Gemüsebrühe)
4 Lorbeerblätter
1 TL schwarze Pfefferkörner
2 Wacholderbeeren
Salz
100 g Cocktailtomaten
1/2 Bund Petersilie
2 Sardellenfilets in Öl
1 TL Honig
4 Scheiben Lachsfilet ohne Haut (je etwa 160 g)
8 EL Olivenöl

1 Den Kürbis schälen und von den Kernen befreien. Etwa 100 g Kürbisfleisch abschneiden und beiseitelegen, den Rest in Würfel schneiden. Die Kürbiswürfel mit Wein, gut 1/2 l Wasser, Lorbeer, Pfeffer und Wacholder in einen Topf geben und erhitzen. Salzen und offen bei mittlerer Hitze etwa 20 Min. köcheln lassen.

2 Inzwischen den übrigen Kürbis in feine Streifen oder Spalten schneiden. Die Tomaten waschen und halbieren. Die Petersilie waschen, die Blättchen grob hacken. Die Sardellenfilets abtropfen lassen, etwas kleiner schneiden.

3 Die festen Bestandteile mit dem Schaumlöffel aus dem Sud herausheben. Kürbisstreifen und Tomaten in den Sud geben, den Sud mit Honig und eventuell noch etwas Salz abschmecken. Die Fischfilets einlegen und zugedeckt bei schwacher Hitze in 4–5 Min. gar ziehen lassen.

4 Inzwischen von den gegarten Kürbiswürfeln und vom Sud je etwa 3 EL abnehmen. (Den Rest für ein anderes Gericht verwenden.) Beides mit der Petersilie, den Sardellen und dem Olivenöl im Blitzhacker zu einer glatten Sauce pürieren, mit Salz abschmecken. Den Fisch in vorgewärmte Teller verteilen, mit Kürbisstreifen und Tomaten belegen, mit etwas Sud beschöpfen und mit der Petersiliensauce garnieren.

Küchentipp: Pochieren von Fisch Ganze Fische wie auch Filets bleiben beim Garziehen in leise siedender Flüssigkeit besonders saftig. Zum Pochieren kann man Fischfond oder eine Mischung aus Wein, Wasser und Gewürzen nehmen. Fischfilets brauchen je nach Dicke 4–5 Min. (ganz dünne eignen sich dafür nicht, die zerfallen leicht), ganze kleinere Fische um die 10 Min., ganze größere Fische 15–20 Min. und Garnelen etwa 2 Min.

Aromatischer Lachs zieht hier im herbstlichen Sud, der gleichzeitig die die Grundlage für die Sauce liefert.

Zarter Fisch
in Ingwer-Koriander-Salz

macht wenig Arbeit
Für 4 Personen
20 Min. Zubereitungszeit
30 Min. Backzeit
Pro Portion ca.
245 kcal, 32 g EW, 12 g F, 5 g KH

1 großer Fisch (etwa 1,2 kg; z. B. Lachsforelle oder Zander)
1 EL Korianderkörner
50 g frischer Ingwer
1 Bio-Limette
1/2 Bund Basilikum
2 1/2 kg Salz
2 Eiweiß
50 g Butter
Backpapier für das Blech

1 Den Backofen auf 250° (Umluft 220°) vorheizen. Den Fisch innen und außen waschen und trocken tupfen. Die Korianderkörner in einer Pfanne ohne Fett etwa 1 Min. rösten, dann im Mörser fein zerstoßen.

2 Den Ingwer schälen und 2 Scheiben abschneiden, den Rest fein hacken. Die Limette waschen und abtrocknen, die Schale fein abreiben und zugedeckt beiseitelegen. Die Limette in Scheiben schneiden. Das Basilikum waschen. Ingwer- und Limettenscheiben mit Basilikum im Bauch des Fisches verteilen.

3 Das Salz mit den Eiweißen, 200 ml kaltem Wasser, Koriander und gehacktem Ingwer in einer Schüssel gründlich mischen. Das Backblech mit Backpapier auslegen, die Hälfte vom Salzteig darauf verteilen. Den Fisch darauflegen, das übrige Salz darübergeben und den Salzteig so auf dem Fisch verteilen, dass er davon ganz umschlossen ist.

4 Den Fisch im Ofen (Mitte) etwa 30 Min. backen. Die Butter schmelzen, mit Limettenschale und Salz würzen. Den fertigen Fisch aus dem Ofen nehmen. Den Salzmantel mit einem Hammer aufschlagen. Den Fisch herausheben, häuten und in seine Filets teilen, auf vorgewärmten Tellern anrichten und vor dem Servieren mit Limettenbutter beträufeln. **Dazu passen frisches knuspriges Weißbrot oder gebratene Kartoffeln.**

Blitzbeilage

Für einen **Salat mit Sesamdressing** 2 Bund Rucola oder 100 g Feldsalat oder 100 g zarte Spinatblätter verlesen, waschen und trocken schütteln. Rucola grob schneiden. 4 Frühlingszwiebeln waschen, putzen und in Ringe schneiden. 2 EL Sesamsamen in einer Pfanne ohne Fett unter Rühren anrösten, bis sie würzig duften. Im Mörser leicht zerstoßen und mit 2 EL Reisessig, 1 EL Sojasauce und 4 EL neutralem Öl verrühren. Mit Salat und Zwiebeln mischen.

Das geht auch Salzteig und Fisch mediterran würzen mit Rosmarin, Salbei und frischen grünen Pfefferkörnern. Dann nach dem Garen einfach nur mit Olivenöl beträufeln und mit frischem Ciabatta servieren.

Im schützenden Salzmantel gegart bleibt der Fisch schön saftig. Die Gewürze geben ihm ein ganz besonderes Aroma – und keine Angst, er wird nicht zu salzig.

Hier gibt's die **Beilage** gleich mit aus dem Ofen – sie schmeckt nicht nur super, sondern **schützt** den Fisch vor dem **Trockenwerden**.

saftig und aromatisch
Für 4 Personen
10 Min. Zubereitungszeit
15 Min. Backzeit
Pro Portion ca.
310 kcal, 43 g EW, 9 g F, 15 g KH

Fischfilets
mit Kartoffel-Oliven-Haube

- 400 g gegarte Pellkartoffeln
- 4 Frühlingszwiebeln
- 60 g entsteinte Oliven (nach Belieben grün oder schwarz)
- 4 Zweige Thymian
- 1 Beutel Mozzarella (125 g)
- 2 TL Tomatenmark
- Salz und Pfeffer
- 4 Fischfilets (z. B. Zander, Seebarsch oder Lachs, je etwa 180 g)
- 2 TL Zitronensaft

1 Den Backofen auf 220° (Umluft 200°) vorheizen. Die Kartoffeln schälen und grob raspeln (Rohkostreibe). Die Frühlingszwiebeln waschen, putzen und mit dem knackigen Grün fein hacken. Oliven klein schneiden. Thymian waschen, trockenschütteln und die Blättchen abstreifen. Mozzarella abtropfen lassen und klein würfeln.

2 Kartoffeln, Zwiebeln, Oliven, Thymian und Mozzarella mit dem Tomatenmark mischen und mit Salz und Pfeffer abschmecken. Die Fischfilets auf einer Seite leicht salzen und pfeffern. Mit dieser Seite nach unten nebeneinander in eine feuerfeste Form legen und mit dem Zitronensaft beträufeln. Kartoffelmasse gleichmäßig auf den Fischfilets verteilen und leicht andrücken.

3 Fischfilets im Ofen (Mitte) etwa 15 Min. backen, bis die Kartoffelhaube schön gebräunt ist. **Dazu passen Blattspinat oder Salat und frisches Weißbrot.**

Küchentipp: Fisch aus dem Ofen

Ofengerichte sind perfekt, wenn Gäste kommen. Man kann alles vorbereiten und muss es vor dem Essen nur noch in die heiße Röhre schieben. Damit Sie auch eigene Kreationen zubereiten können, hier die Garzeiten im Ofen: Dünne Fischfilets sind bei starker Hitze in etwa 5 Min. gar, dickere brauchen 6–8 Min. Ganze kleine Fische brauchen bei mittlerer Hitze 10–15 Min., größere 25–30 Min.

Variante

Probieren Sie auch einmal eine asiatisch angehauchte Kruste auf den Filets. Dafür statt der Kartoffeln 100 g Glasnudeln in lauwarmem Wasser 10 Min. einweichen, dann abtropfen lassen und mit der Küchenschere kleiner schneiden. Mit den Frühlingszwiebeln 6 eingeweichte Mu-Err-Pilze klein schneiden. Oliven und Thymian weglassen, stattdessen die Schale von 1/2 Bio-Limette fein hacken. Mit dem Mozzarella und etwas fein gehacktem Koriander mischen und auf den Fischfilets verteilen.

Seeteufel
auf Ingwertomaten aus dem Ofen

wenig Arbeit, viel Genuss
Für 4 Personen
15 Min. Zubereitungszeit
40 Min. Backzeit
Pro Portion ca.
290 kcal, 34 g EW, 14 g F, 8 g KH

600 g kleinere feste Tomaten
1 Stück frischer Ingwer (etwa 5 cm lang)
2 Knoblauchzehen
2 TL Koriandersamen
1/4 Bund (Thai-)Basilikum
2 EL Limettensaft
4 EL Olivenöl
2 TL Ahornsirup oder Honig
Salz und Pfeffer
4 Fischfilets (z. B. Seeteufel, Seelachs, Lachs, Zander, je etwa 180 g)

1 Den Backofen auf 180° vorheizen. Tomaten waschen und halbieren. Mit der Schnittfläche nach oben nebeneinander in eine große feuerfeste Form legen.

2 Ingwer und den Knoblauch schälen und fein hacken. Koriandersamen in einer kleinen Pfanne ohne Fett kurz anrosten, dann im Mörser mittelgrob zerdrücken. Basilikum waschen und trocken schütteln, ein paar Blättchen abzupfen und beiseitelegen, die übrigen fein hacken.

3 In einem Schälchen 1 EL Limettensaft und 2 EL Olivenöl mit dem Ahornsirup verrühren. Ingwer, Knoblauch, Koriander und gehacktes Basilikum unterrühren, mit Salz und Pfeffer verrühren. Auf den Tomaten verstreichen. Die Tomaten im Ofen (Mitte, Umluft 160°) etwa 30 Min. backen.

4 Fischfilets kalt abspülen und trocken tupfen, salzen und pfeffern. Auf den Tomaten verteilen. 1 EL Limettensaft mit 2 EL Öl verrühren und auf den Fisch träufeln. Weitere 10 Min. im Ofen backen. Mit Basilikumblättchen garniert servieren. **Dazu passen Reis oder Reisnudeln.**

macht was her
Für 4 Personen
20 Min. Zubereitungszeit
Pro Portion ca.
280 kcal, 32 g EW, 15 g F, 1 g KH

Rotbarbenfilets
in Vanillebutter

4 Knoblauchzehen
1 dickere Vanilleschote
1 kleine getrocknete Chilischote
1 Stück Zitronenschale (Bio)
40 g Butter
1 EL Öl
8 Rotbarben- oder Meerbarbenfilets mit Haut (à etwa 80 g)
Salz
Zitronenschnitze zum Servieren

1 Den Knoblauch schälen und in dickere Scheiben schneiden. Die Vanilleschote längs aufschlitzen und das Mark herauskratzen. Die Schote in 4–5 cm lange Stücke schneiden und mit dem Mark, dem Knoblauch, der angedrückten Chilischote und der Zitronenschale in eine große Pfanne geben.

2 Butter und Öl in die Pfanne geben und bei mittlerer Hitze erwärmen. Die Fischfilets kalt abspülen und trocken tupfen, salzen. Fisch in der gewürzten Butter pro Seite etwa 2 Min. braten. Auf vorgewärmte Teller geben. Chili, Knoblauch, Vanilleschote und Zitronenschale aus der Butter fischen, die Butter über die Filets träufeln und mit Zitronenschnitzen servieren. **Dazu schmecken Ofenkartoffeln oder Bratkartoffeln und ein grüner Salat.**

Küchentipp: Garzeit für Fisch
Dünne Fischfilets brauchen pro Seite 1–2 Min., dickere 2–3 Min.
Ganze Fische (Portionsgröße von etwa 350 g) 5 Min. pro Seite.
Garnelen sind gar, sobald sie sich rötlich verfärbt haben.

Lassen Sie sich im Fischgeschäft inspirieren – auch andere Fische eignen sich für dieses aromatische Gericht. Hauptsache, sie haben Portionsgröße.

Doraden

in Chili-Öl mit Erdnüssen

simpel und raffiniert

Für 4 Personen

25 Min. Zubereitungszeit

Pro Portion ca.

445 kcal, 34 g EW, 31 g F, 9 g KH

1 Die Fische waschen und dabei eventuell schuppen. Die Fische auf beiden Seiten schräg leicht einschneiden und innen salzen.

2 Die Zitrone heiß waschen und abtrocknen, die Schale dünn abschneiden und fein hacken. Eine Hälfte auspressen. Die Frühlingszwiebeln waschen, putzen und mit dem knackigen Grün in etwa 4 cm lange Streifen schneiden. Den Knoblauch schälen und in dünne Scheiben schneiden. Die Chilischote waschen und mit den Kernen in feine Ringe schneiden. Die Pfefferkörner mit der Klinge eines breiten Messers oder im Mörser grob zerstoßen.

3 Das Öl in zwei Pfannen erhitzen. Chili und Pfeffer darin verteilen und andünsten. Die Fische bei mittlerer Hitze etwa 5 Min. braten. Zwiebeln, Knoblauch und Zitronenschale dazugeben, die Fische wenden und noch einmal 5 Min. braten.

4 Inzwischen die Erdnüsse fein hacken. Den Koriander waschen, trocken schütteln und die Blättchen fein schneiden. Mit den Erdnüssen mischen. Die Fische mit Zitronensaft und Fischsauce würzen und mit der Erdnussmischung bestreut servieren. **Dazu schmeckt Basmatireis.**

4 mittelgroße Doraden oder Loups de mer (à etwa 370 g)
Salz
1 Bio-Zitrone
4 Frühlingszwiebeln
4 Knoblauchzehen
1 rote Chilischote
1 TL schwarze Pfefferkörner (oder frischer grüner Pfeffer)
4 EL Öl
50 g geröstete gesalzene Erdnusskerne
1/2 Bund Koriandergrün
4 EL Fischsauce (Asienladen)

Beilage: Asia-Gurkensalat

Der passt besonders gut dazu. 4 EL Reisessig mit 1 EL Zucker und 3 EL Wasser aufkochen und abkühlen lassen. 1 Gurke waschen oder schälen, längs halbieren und von den Kernen befreien. In Scheiben schneiden und mit Streifen von 1 roten Zwiebel und Ringen von 1 roten Chilischote mischen. Den Essigsud mit Salz unter den Salat mischen. Eventuell mit Basilikum- oder Korianderblättchen bestreuen.

Das geht auch Statt der angegebenen Fische kleine Fische, z. B. Rotbarben oder auch größere Sardinen nehmen. Von beiden Fischarten brauchen Sie allerdings 8 Stück, diese werden pro Seite nur 2–3 Min. gebraten.

Saibling in Folie
auf Tomaten-Fenchel-Gemüse

saftig und aromastark
Für 4 Personen
25 Min. Zubereitungszeit
25 Min. Backzeit
Pro Portion ca.
370 kcal, 39 g EW, 18 g F, 9 g KH

3 Fenchelknollen (etwa 750 g)
1 rote Zwiebel
2 Knoblauchzehen
4 EL Olivenöl
2 TL Fenchelsamen
50 ml trockener Weißwein oder Noilly Prat (ersatzweise Gemüsebrühe)
1 EL Anislikör (z. B. Sambuca) nach Belieben
Salz und Pfeffer
250 g Cocktailtomaten
4 Saiblinge oder Forellen (je etwa 340 g)
2 EL Zitronensaft
2 EL entsteinte Oliven

1 Den Fenchel waschen und putzen, zartes Grün beiseitelegen. Fenchel der Länge nach vierteln, vom Strunk befreien und quer in etwa 1 cm breite Scheiben schneiden. Die Zwiebel schälen, vierteln und in feine Streifen schneiden. Den Knoblauch schälen und in dünne Scheiben schneiden.

2 Fenchel, Zwiebel und Knoblauch im Öl mit den Fenchelsamen bei starker Hitze 3–4 Min. unter Rühren braten. Mit dem Wein und dem Likör ablöschen, mit Salz und Pfeffer würzen und offen weitere 2–3 Min. garen.

3 Inzwischen den Backofen auf 220° vorheizen. Die Tomaten waschen und halbieren. Die Fische waschen und abtrocknen, innen und außen mit dem Zitronensaft beträufeln und mit Salz und Pfeffer würzen.

4 4 große Bögen Alufolie auf der Arbeitsfläche ausbreiten (glänzende Seite nach oben). Etwas Fenchel darauf verteilen, die Fische darauflegen und mit dem übrigen Fenchel, den Tomaten und den Oliven bedecken. Fenchelgrün darüberstreuen. Die Folie über den Fischen zusammenklappen und an den Enden gründlich verschließen.

5 Die Folienpäckchen auf dem Rost über dem Backblech in den Ofen (Mitte, Umluft 200°) schieben und den Fisch etwa 25 Min. garen. Zum Servieren mit den anderen Zutaten und der Flüssigkeit auf vorgewärmte Teller geben.
Dazu schmecken Rosmarinkartoffeln oder knuspriges Weißbrot.

Küchentipp: Fisch aus der Folie

In der schützenden Folie bleibt der Fisch beim Garen wunderbar saftig. Außerdem sind Fisch und die anderen Zutaten so fest verschlossen, dass sich die Geschmäcker und Aromen sehr gut verbinden. Eine Alternative ist Pergament- oder Backpapier. Darin ist der Fisch nicht ganz so gut geschützt, er wird dafür aber leicht braun, ohne trocken zu geraten. Auch Fischfilets kann man mit den verschiedensten Zutaten in der Folie garen. Sie brauchen etwa 20 Min., um gar zu werden.

Braten & Ragouts

Entenbrust mit Ananas-Salsa

mit asiatischer Würze | Für 4 Personen
25 Min. Zubereitungszeit | 50 Min. Bratzeit
Pro Portion ca. 585 kcal, 33 g EW, 42 g F, 17 g KH

2 fleischige Entenbrüste (je etwa 380 g) | Salz und Pfeffer
1 kleine Aubergine (etwa 200 g) | 1 Bund Frühlingszwiebeln
2 Knoblauchzehen | 1 rote Chilischote | 4 EL Olivenöl
1/2 Ananas (etwa 600 g) | 4 EL Limettensaft | 1 TL Honig

1 Die Entenbrüste mit Küchenpapier trocken tupfen und die Fettschicht mit einem scharfen Messer rautenförmig einschneiden, ohne das Fleisch zu verletzen. Entenbrüste mit Salz und Pfeffer einreiben. Den Backofen auf 80° vorheizen.

2 Eine ofenfeste Pfanne (Griff!) auf dem Herd heiß werden lassen. Die Entenbrüste mit der Fettseite nach unten hineinlegen und bei starker Hitze 2–3 Min. braten. Wenden und ganz kurz anbraten, dann in der Pfanne in den Ofen (Mitte) schieben und in 45 Min. rosa garen.

3 Inzwischen für die Salsa die Aubergine waschen und sehr klein würfeln. Die Frühlingszwiebeln waschen, putzen und mit dem knackigen Grün in feine Ringe schneiden. Den Knoblauch schälen und fein hacken. Chili waschen, vom Stielansatz befreien und mit den Kernen fein hacken.

4 Das Öl in einer Pfanne erhitzen, die Auberginenwürfel darin bei mittlerer Hitze unter Rühren etwa 5 Min. braten. Zwiebeln, Knoblauch und Chili 1 Min. mitbraten. In eine Schüssel umfüllen, salzen, pfeffern und abkühlen lassen.

5 Die Ananas in Scheiben schneiden, schälen und von den Augen und dem harten Strunk in der Mitte befreien. Ananas klein würfeln, mit dem Limettensaft unter die Auberginenwürfel rühren und die Salsa mit Salz, Pfeffer und Honig abschmecken.

6 Im Ofen die Grillschlangen zuschalten. Die Entenbrust weiter nach oben schieben (etwa 10 cm unter die Grillschlangen) und die Haut in 2–3 Min. knusprig werden lassen. Entenbrust aus dem Ofen nehmen, mit einem scharfen Messer in dünne Scheiben schneiden und mit der Ananassalsa servieren. **Dazu passt gebratener Reis oder einfach nur knuspriges Brot.**

Pochierte Lammfilets mit grüner Sauce

wunderbar zart | Für 4 Personen | 40 Min. Zubereitungszeit
Pro Portion ca. 305 kcal, 34 g EW, 14 g F, 9 g KH

**Für das Fleisch: 1 Stange Staudensellerie | 1 Möhre
je 1 Zweig Rosmarin, Thymian, Oregano und Salbei
2 Lorbeerblätter (möglichst frisch) | 1 Bio-Zitrone
2 Gewürznelken | 2 Wacholderbeeren | Salz | 12 Lammfilets (etwa 600 g)
Für die Sauce: 2 Scheiben altbackenes Weißbrot (etwa 20 g)
1 großes Bund Petersilie | 1/2 Bund Basilikum
6 Sardellenfilets in Öl | 2 EL kleine Kapern | 4 Knoblauchzehen
1/2 Bio-Zitrone | 50 ml Olivenöl | Salz und Pfeffer**

1 Für das Fleisch Sellerie und Möhre waschen oder schälen, putzen und in grobe Stücke schneiden. Die Kräuter waschen und trocken schütteln. Die Zitrone heiß waschen und in Scheiben schneiden. Gemüse mit Kräutern, Zitronenscheiben, Gewürznelken und Wacholder in 1 1/2 l Wasser etwa 30 Min. köcheln lassen, dann salzen.

2 Inzwischen für die Sauce das Brot etwa 10 Min. in lauwarmem Wasser einweichen. Die Kräuter waschen und trockenschütteln, die Blättchen grob hacken. Die Sardellen abtropfen lassen. Das Brot ausdrücken und mit den Sardellen, den Kapern und den Kräutern im Blitzhacker oder mit dem Pürierstabfein zerkleinern.

3 Den Knoblauch schälen und fein hacken. Die Zitrone waschen und abtrocknen, die Schale dünn abreiben. Den Saft auspressen. Knoblauch, Zitronenschale und 1 EL Saft mit dem Öl unter die Brotmasse rühren und die Sauce mit Salz und Pfeffer abschmecken.

4 Die Lammfilets von den Sehnen befreien. Die Hitze vom Sud klein stellen, Lammfilets in den Sud geben und darin in etwa 7 Min. gar ziehen lassen. Das Fleisch aus dem Sud heben und mit der grünen Sauce servieren. **Dazu passen Salzkartoffeln.**

Kalbstafelspitz
mit zwei Saucen

für besondere Gelegenheiten
Für 4 Personen
40 Min. Zubereitungszeit
1 Std. Garzeit
Pro Portion ca.
350 kcal, 47 g EW, 5 g F, 27 g KH

Für den Tafelspitz:
- 2 Möhren
- 1 Zwiebel
- 2 Knoblauchzehen
- 1 Stange Staudensellerie
- je 1 Zweig Rosmarin und Thymian
- 2 Lorbeerblätter
- 2 Salbeiblätter
- 1 Stück Zitronenschale (Bio)
- 1 TL schwarze Pfefferkörner
- Salz | 1 Kalbstafelspitz (etwa 800 g)

Für die Aprikosensauce:
- 125 g getrocknete ungeschwefelte Aprikosen
- Saft von 1 Orange
- 1 EL Limetten- oder Zitronensaft
- 50 ml Gemüsebrühe
- 1 rote Chilischote
- 2 Frühlingszwiebeln
- 1/2 Bund Basilikum
- 1 EL Olivenöl | Salz

Für den Birnenkren:
- 1 saftige Birne
- 1 EL Birnen- oder Apfelessig
- 1 Stück frischer Meerrettich (etwa 2 cm lang)
- 1 TL Birnendicksaft oder Ahornsirup
- 1 EL saure Sahne | Salz

1 Möhren, Zwiebel und Knoblauch schälen und grob hacken. Sellerie waschen, putzen und ebenfalls in größere Stücke schneiden. Die Kräuter abspülen. Alles mit der Zitronenschale, den Pfefferkörnern und 2 l Wasser in einem Topf erhitzen und salzen. Den Tafelspitz in den Sud legen und darin bei schwacher bis mittlerer Hitze in etwa 1 Std. gar ziehen lassen. Die Brühe soll dabei nicht kochen, sondern nur leise sieden.

2 Inzwischen die Aprikosen klein würfeln und mit dem Orangensaft, dem Limettensaft und der Brühe einmal kräftig aufkochen. Mit dem Kartoffelstampfer leicht zerdrücken. Die Chilischote waschen, entstielen und mit den Kernen fein hacken. Die Frühlingszwiebeln waschen, putzen und fein schneiden. Die Basilikumblätter fein hacken. Chili, Zwiebeln und Basilikum mit dem Olivenöl unter die abgekühlte Aprikosensauce rühren und mit Salz abschmecken.

3 Für den Birnenkren die Birne vierteln, schälen und vom Kerngehäuse befreien. Fein raspeln und mit dem Essig mischen. Das Meerrettichstück schälen und dazureiben. Mit Birnendicksaft und saurer Sahne verrühren und mit Salz abschmecken.

4 Das Fleisch aus dem Sud heben und in dünne Scheiben schneiden. Mit etwas Brühe auf einer Platte anrichten. Saucen und Kartoffeln (s. unten) dazu servieren.

Beilage: Korianderkartoffeln

800 g Pellkartoffeln schälen und je nach Größe vierteln oder achteln. 1 TL Koriandersamen im Mörser leicht quetschen und in 2 EL Butter andünsten. Kartoffeln dazugeben und bei mittlerer Hitze etwa 5 Min. braten, dabei ab und zu umrühren. Salzen und zum Tafelspitz und den Saucen servieren.

fruchtig-pikant
Für 4 Personen
20 Min. Zubereitungszeit
1 1/2 Std. Garzeit
Pro Portion ca.
505 kcal, 46 g EW, 22 g F, 26 g KH

Rindfleischcurry
mit Aprikosen

- 8 kleine Zwiebeln
- 1 Stück frischer Ingwer (etwa 4 cm lang)
- 2 getrocknete Chilischoten
- 800 g Rindfleisch zum Schmoren
- 4 EL Öl
- 3 TL scharfes Madras-Currypulver
- 1/4 l Fleisch- oder Gemüsebrühe
- 150 g getrocknete Aprikosen
- 250 g gehackte Tomaten (Fertigprodukt)
- Salz und Pfeffer
- 1/2 Bund Koriandergrün oder Petersilie
- 1 TL Garam masala

1 Die Zwiebeln schälen und ganz lassen. Den Ingwer schälen und mit den Chilischoten fein hacken. Das Fleisch von größeren Fettstücken und den Sehnen befreien und in gulaschgroße Würfel schneiden.

2 Das Öl in einem Schmortopf erhitzen, das Fleisch darin in drei Portionen gut anbraten und jeweils wieder herausnehmen. Dann Zwiebeln mit Ingwer und Chili im Bratfett andünsten. Mit dem Curry bestäuben und kurz weiterrühren. Fleisch wieder dazugeben, mit der Brühe aufgießen. Aprikosen und Tomaten unterrühren und alles mit Salz und Pfeffer abschmecken.

3 Das Curry zugedeckt bei schwacher Hitze etwa 1 1/2 Std. schmoren, bis das Fleisch schön weich ist. Dabei ab und zu durchrühren und bei Bedarf noch etwas Brühe oder Wasser angießen.

4 Den Koriander oder die Petersilie waschen und trocken schütteln, die Blättchen fein hacken. Das Curry abschmecken und mit dem Garam masala und den Kräutern bestreuen. **Dazu schmeckt Basmatireis oder Couscous.**

Rinderbraten
in Weißwein geschmort

Festtagsbraten aus dem Topf
Für 4 Personen
30 Min. Zubereitungszeit
24 Std. Marinierzeit
2 1/2 Std. Garzeit
Pro Portion ca.
460 kcal, 52 g EW, 16 g F, 3 g KH

1/2 Bio-Zitrone
1 Stange Staudensellerie
1 Möhre
2 Schalotten
2 Knoblauchzehen
1 Stück frischer Ingwer (etwa 2 cm lang)
4 Sternanis
1 Stück Zimtstange
2 Gewürznelken
1/2 l aromatischer Weißwein (z. B. Riesling oder sogar ein Gewürztraminer)
1 Rinderbraten (etwa 1 kg, z. B. Unterschale, Keule oder Blume)
Salz und Pfeffer
2 EL Öl

1 Die Zitrone heiß waschen und die Schale dünn abschneiden. Den Sellerie waschen, die Möhre schälen und beides fein schneiden. Schalotten, Knoblauch und Ingwer schälen und in feine Scheiben schneiden. Alles mit Sternanis, Zimt und Nelken mischen und mit dem Wein aufgießen.

2 Den Rinderbraten von größeren Fettstücken befreien und in die Marinade legen. Mindestens 24 Std. darin marinieren, dabei ein- bis zweimal wenden.

3 Dann den Braten abtropfen lassen und trocken tupfen, salzen und pfeffern. In einem Schmortopf im Öl bei mittlerer Hitze rundherum anbraten. Die Marinade mit allen Zutaten angießen und den Braten zugedeckt bei schwacher Hitze etwa 2 1/2 Std. schmoren, dabei ab und zu umdrehen.

4 Den Braten aus dem Sud nehmen. Die Sauce sieben, wieder in den Topf geben und eventuell leicht einkochen lassen. Mit Salz und Pfeffer abschmecken. Den Braten in Scheiben schneiden, mit Sauce servieren.

Variante: Italienischer Rotweinbraten
In die Marinade statt Ingwer, Sternanis, Zimt und Gewürznelken je 1 Zweig Thymian, Rosmarin und Salbei geben und alles mit Pfeffer würzen. Den Weißwein durch einen kräftigen italienischen Rotwein ersetzen. Braten darin marinieren, dann in Olivenöl mit Butter anbraten. Beim Schmoren außer der Marinade 300 g gewürfelte Tomaten mitgaren.

Ein Braten aus dem Schmortopf ist ideal, wenn Gäste kommen. Er nimmt es nicht übel, wenn er ein bisschen in der würzigen Sauce auf seinen Einsatz warten muss.

Rinderlende
im Ofen sanft gegart

edel
Für 4 Personen
30 Min. Zubereitungszeit
1 3/4 Std. Garzeit
Pro Portion ca.
425 kcal, 52 g EW, 22 g F, 4 g KH

1 Stück Rinderlende (etwa 800 g)
1 EL Öl
Salz und Pfeffer
2 Eier
2 Gewürzgurken
1 Stück Salatgurke (etwa 80 g)
1 EL Kapern
4 Sardellenfilets in Öl
1/2 Bund Rucola
1 TL scharfer Senf
250 g saure Sahne

1 Den Backofen auf 100° vorheizen. Die Rinderlende trockentupfen. Das Öl in einer ofenfesten Pfanne (Griff!) bei mittlerer Hitze erwärmen, die Lende darin von allen Seiten anbraten. Danach mit Salz und Pfeffer würzen und in der Pfanne in den Ofen stellen. Etwa 1 3/4 Std. braten.

2 Inzwischen die Eier in etwa 10 Min. hart kochen, abschrecken und sehr fein hacken. Die Gewürzgurken klein würfeln, die Salatgurke schälen oder waschen und klein schneiden. Kapern und Sardellenfilets abtropfen lassen und fein hacken. Den Rucola von allen welken Blättern und den groben Stielen befreien, waschen, trockenschütteln und fein hacken.

3 Den Senf unter die saure Sahne rühren, die fein zerkleinerten Zutaten untermischen und die Sauce mit Salz und Pfeffer abschmecken.

4 Das Fleisch in dünne Scheiben schneiden und mit der Sauce servieren. **Dazu passen Bratkartoffeln.**

Küchentipp: Niedriggarmethode

Außen mit schöner Kruste, innen zart und wunderbar saftig, so bekommen Sie Braten hin, wenn Sie sie nach dem Anbraten bei einer Temperatur von 80–120° in den Ofen schieben und langsam und schonend garen. Geeignet ist die Methode für alle großen Braten und für Geflügel. Dieses sollten Sie allerdings erst einige Zeit bei höherer Temperatur garen, damit sich außen eine knusprige Haut bildet.

Hier die Richtwerte für die Garzeiten:

Entenbrust bei 80°: etwa 45 Min.
Filet von Schwein, Kalb, Rind oder Wild bei 100°: 1 1/2–1 3/4 Std.
Ganze Braten (etwa 1 kg) bei 100°: 3 1/2–4 Std.
Lammkeule bei 100°: 4 1/2–5 Std.

Übrigens schadet es bei den niedrigen Temperaturen nicht, wenn das Fleisch ein bisschen länger im Ofen bleibt, Sie können sich also mit der Vorspeise viel Zeit lassen.
Und: Wenn Sie zum Schluss noch ein bisschen mehr Kruste wollen, einfach die Grillschlangen zuschalten.

Das zarte **Hühnerfleisch** ist doch so aromatisch, dass es die feinen **marokkanischen** Gewürze gut vertragen kann.

aromastark
Für 4 Personen
35 Min. Zubereitungszeit
40 Min. Schmorzeit
Pro Portion ca.
590 kcal, 31 g EW, 41 g F, 8 g KH

Hähnchen orientalisch

in Sherry geschmort

- 1 fleischiges Hähnchen (etwa 1,3 kg)
- 2 EL Zitronensaft | Salz und Pfeffer
- 2 TL Ras-el-hanout (marokkanische Gewürzmischung; Asienladen)
- 4 Schalotten | 2 Knoblauchzehen
- 2 EL Olivenöl | 1/2 Zimtstange
- 200 ml trockener Sherry
- je 1 TL edelsüßes und rosenscharfes Paprikapulver
- 1 TL gemahlener Koriander
- 1/2 TL Ingwerpulver
- Korianderblättchen zum Bestreuen

1 Das Hähnchen kalt abspülen und trocken tupfen. Mit der Geflügelschere und dem Messer in 8–12 Teile zerlegen. Den Zitronensaft mit Salz, Pfeffer und Ras-el-hanout verrühren und die Hähnchenteile damit einpinseln.

2 Die Schalotten und den Knoblauch schälen und ganz lassen. Das Olivenöl in einem Schmortopf erhitzen, die Hühnerteile darin von allen Seiten schön braun braten und wieder herausnehmen. Schalotten und Knoblauch mit der Zimtstange im Bratfett andünsten, mit dem Sherry ablöschen.

3 Die Hühnerteile wieder einlegen, mit den Gewürzen bestreuen und zugedeckt bei schwacher Hitze etwa 40 Min. schmoren. Die Sauce abschmecken und das Huhn mit Korianderblättchen bestreut servieren. **Dazu passt Couscous, Reis oder Bulgur oder einfach nur Fladenbrot und ein Salat.**

Das geht auch Statt Hähnchen 1 Kaninchen nehmen und in ebenso viele Teile zerlegen. Die Garzeit bleibt gleich.

Entenbrust
nach Sauerbraten-Art

mal was anderes
Für 4 Personen
48 Std. Marinierzeit
35 Min. Zubereitungszeit
1 1/2 Std. Schmorzeit
Pro Portion ca.
615 kcal, 36 g EW, 38 g F, 21 g KH

1/4 l Rotweinessig
je 1 TL Wacholderbeeren und schwarze Pfefferkörner
2 Gewürznelken
1 Stück Zimtstange
2 Lorbeerblätter
2 große Entenbrüste (je etwa 380 g)
Salz und Pfeffer
1 Bund Suppengrün
1 Zwiebel
4 getrocknete Feigen
2 EL Öl
1 EL Puderzucker
2 TL Tomatenmark
1/8 l trockener Rotwein (ersatzweise Hühnerbrühe)
1 EL Johannisbeergelee

1 Den Essig mit 3/8 l Wasser, Wacholder, Pfeffer, Nelken, Zimt und Lorbeer einmal aufkochen und anschließend abkühlen lassen. Jede Entenbrust einmal teilen, waschen und trocken tupfen. In eine Schüssel geben, mit dem Sud begießen und etwa 2 Tage darin ziehen lassen. Dabei immer mal wieder wenden.

2 Danach die Entenbrüste aus der Marinade heben, trocken tupfen und mit Salz und Pfeffer würzen. Die Marinade sieben. Das Suppengrün schälen oder waschen, putzen und in kleine Würfel schneiden. Die Zwiebel schälen und fein hacken. Die Feigen ebenfalls klein würfeln.

3 Das Öl in einer Pfanne erhitzen, die Ententeile darin rundherum anbraten und wieder herausnehmen.

4 Den Puderzucker in einem Schmortopf schmelzen lassen, das Tomatenmark unterrühren. Mit dem Rotwein ablöschen und das Gemüse und die Zwiebel untermischen. 1/4 l Marinade abmessen und ebenfalls untermischen. Die Sauce salzen und pfeffern, die Ententeile einlegen und bei schwacher Hitze (oder im Backofen bei 120°) zugedeckt etwa 1 1/2 Std. schmoren.

5 Die Entenbrüste aus der Sauce heben und im Backofen warm halten. Die Sauce durch ein Sieb passieren und wieder in den Topf geben. Die Feigen untermischen und die Sauce mit dem Johannisbeergelee, Salz und Pfeffer abschmecken. Mit den Ententeilen servieren.

Mit dieser **einfachen** und dabei raffinierten Art, Hühnerfleisch zuzubereiten, bekommt man **wunderbar** zartes Fleisch mit aromatischer Füllung.

Hühnerbrüstchen
mit Steinpilz-Käse-Füllung

festliche Geflügelküche
Für 4 Personen
30 Min. Quellzeit
30 Min. Zubereitungszeit
Pro Portion ca.
350 kcal, 45 g EW, 15 g F, 3 g KH

- 20 g getrocknete Steinpilze
- je 1 Zweig Thymian und Rosmarin
- 2 Salbeiblättchen
- 1/4 Bund Petersilie
- 2 Knoblauchzehen
- 2 EL Olivenöl
- 4 Hühnerbrüstchen ohne Haut und Knochen (je etwa 160 g)
- 1 Beutel (Büffel-)Mozzarella (125 g)
- 1 EL Semmelbrösel
- 1 EL frisch geriebener Parmesan
- Salz und Pfeffer
- geriebene Muskatnuss
- 1 EL Butter
- 50 ml trockener Marsala, Noilly Prat, Portwein oder Hühnerbrühe
- Zahnstocher

1 Die Steinpilze in einer Schüssel mit 1/8 l lauwarmem Wasser mischen und 30 Min. quellen lassen. Dann abtropfen lassen und fein hacken. Die Flüssigkeit durch eine Kaffeefiltertüte gießen.

2 Die Kräuter waschen und trocken schütteln, von den Stielen befreien und fein hacken. Den Knoblauch schälen und fein zerkleinern. Kräuter und Knoblauch in 1/2 EL Olivenöl kurz andünsten. Die Pilze 1–2 Min. mitbraten. Die Mischung in eine Schüssel füllen.

3 In jedes Hühnerbrüstchen seitlich eine Tasche schneiden, ohne das Fleisch zu weit zu öffnen. Den Käse abtropfen lassen und würfeln. Mit den Semmelbröseln und dem Parmesan zur Pilzmischung geben und gut vermischen. Mit Salz, Pfeffer und Muskat abschmecken. Die Käsemischung leicht zusammendrücken und in die Öffnung der Hühnerbrüstchen füllen, mit Zahnstochern verschließen. Die Hühnerbrüstchen außen salzen und pfeffern.

4 Die Butter mit 1 1/2 EL Öl erhitzen. Die Hühnerbrüstchen darin bei mittlerer Hitze pro Seite 5–6 Min. braten. Aus der Pfanne nehmen und warm halten. Den Bratfond mit dem Marsala ablöschen, die Pilzflüssigkeit dazugeben und kräftig aufkochen. Die Sauce mit Salz und Pfeffer abschmecken und auf den Hühnerbrüstchen verteilen. Rasch servieren. **Dazu schmeckt Kräuter-Zitronen-Reis (Seite 48) oder ein Kartoffelgratin.**

Für zwei Trotzdem die ganze Menge zubereiten und 2 Hühnerbrüstchen abkühlen lassen. Am nächsten Tag in Scheiben schneiden und mit Tomatenscheiben und Salatblättern im Sandwich essen oder einen gemischten Blattsalat damit aufpeppen.

Rinderrouladen

mit Brätfüllung

gemüsefrisch
Für 4 Personen
25 Min. Zubereitungszeit
1 1/2 Std. Schmorzeit
Pro Portion ca.
735 kcal, 56 g EW, 49 g F, 5 g KH

1 Stange Staudensellerie
1 kleine rote Paprikaschote
1/2 Bund Rucola
1 TL grüne Pfefferkörner (frisch oder aus dem Glas)
200 g Kalbsbrät | Salz
4 dünne große Rinderrouladen
8 dünne Scheiben durchwachsener Räucherspeck
2 EL Öl | 1 TL Zucker
2 TL Tomatenmark
1/8 l trockener Rotwein (ersatzweise Fleischbrühe)
1/4 l Fleischbrühe
Küchengarn oder Rouladennadeln

1 Sellerie und Paprika waschen und putzen, in sehr kleine Würfel schneiden (am besten im Blitzhacker). Den Rucola verlesen, waschen, trocken schütteln und fein hacken. Die Pfefferkörner hacken.

2 Brät mit Gemüse, Rucola und Pfeffer verrühren und mit Salz abschmecken. Das Fleisch auf einem Brett ausbreiten, mit dem Handballen etwas flacher drücken und mit je 2 Speckscheiben belegen. Die Rouladen mit der Brätmasse bestreichen und aufrollen. Mit Küchengarn oder Rouladennadeln verschließen.

3 Das Öl in einem Topf erhitzen. Die Rouladen darin bei mittlerer Hitze rundherum anbraten und wieder herausnehmen. Den Zucker im Fett schmelzen lassen, das Tomatenmark kurz mitbraten, dann den Wein und die Brühe angießen und einmal kräftig aufkochen. Die Rouladen wieder einlegen und bei sehr schwacher Hitze zugedeckt etwa 1 1/2 Std. schmoren.

4 Die Sauce abschmecken und mit den Rouladen servieren. **Dazu schmecken das Kartoffelpüree von Seite 67, Salzkartoffeln oder kurze Nudeln.**

Nutzen Sie die wenigen Monate im Herbst und Winter, wenn Wild Saison hat. Besonders fein gelingen die edlen Stücke bei Niedrigtemperatur.

für besondere Anlässe
Für 6 Personen
30 Min. Zubereitungszeit
1 1/2 Std. Bratzeit
Pro Portion ca.
385 kcal, 37 g EW, 15 g F, 16 g KH

Hirschfilet
mit Kräuterkruste und Schokosauce

- 2 Hirschlendenstücke oder -filets (je etwa 480 g)
- je 1 TL Wacholderbeeren und schwarzer Pfeffer
- 1 EL neutrales Öl
- 1 EL Butter
- Salz
- je 2 Zweige Rosmarin, Thymian und Oregano
- 4 Salbeiblättchen
- 1/2 Bund Petersilie
- 30 g Pinienkerne
- 50 g Semmelbrösel
- 1 Ei
- 200 ml Wildfond (aus dem Glas)
- 200 ml roter Portwein oder trockener Rotwein (ersatzweise Wildfond)
- 2 EL Preiselbeeren aus dem Glas
- 1 Stück Orangenschale (Bio)
- 2 Lorbeerblätter
- 30 g dunkle Kuvertüre
- 2 EL Aceto balsamico
- Chilipulver nach Geschmack

1 Den Backofen auf 100° vorheizen. Die Hirschfilets von Sehnen befreien. Wacholder und Pfeffer im Mörser fein zerstoßen und die Filets damit einreiben. Öl und Butter in einer Pfanne erhitzen. Die Filets darin bei mittlerer Hitze rundherum 7–8 Min. anbraten. Aus der Pfanne nehmen und salzen. In eine feuerfeste Form oder in die Fettpfanne des Backofens legen.

2 Die Kräuter waschen und trocken schütteln. Von den Stielen befreien und mit den Pinienkernen sehr fein hacken. Mit Semmelbröseln und Ei verrühren, salzen, pfeffern und auf den Hirschfilets verteilen. Die Filets im Ofen (Mitte, Umluft 80°) etwa 1 3/4 Std. braten.

3 Nach etwa 1 1/2 Std. Fond und Wein mit Preiselbeeren, Orangenschale und Lorbeer in einem Topf offen bei starker Hitze auf die Hälfte einkochen lassen. Orangenschale und Lorbeer entfernen. Kuvertüre in kleine Stücke schneiden, in der Sauce auflösen. Mit Balsamico, Salz und eventuell Chili abschmecken.

4 Die Hirschfilets in Scheiben schneiden und mit der Sauce servieren. **Dazu schmecken Spätzle, Schupfnudeln oder Nudeln.**

Variante
Schweinefilet auf karamellisiertem Chicorée

1 EL Zucker in 1 EL Butter schmelzen. 600 g Chicorée in etwa 1 cm breite Streifen und 1 Zwiebel in feine Streifen schneiden, bei mittlerer bis starker Hitze 2–3 Min. mitdünsten. Mit 75 ml Brühe ablöschen, mit Salz, Pfeffer und Muskat würzen und in eine feuerfeste Form geben. 2 Schweinefilets (je etwa 350 g) salzen, pfeffern und mit 1 EL scharfem Senf einstreichen. In Öl rundherum anbraten. Auf den Chicorée setzen und im Ofen bei 120° (Mitte, Umluft 140°) etwa 40 Min. braten.

Krustenbraten
mit Zitronengras

mal auf asiatische Art
Für 4 Personen
20 Min. Zubereitungszeit
2 3/4 Std. Garzeit
Pro Portion ca.
310 kcal, 21 g EW, 5 g F, 31 g KH

1 Den Backofen auf 160° vorheizen. Den Braten mit der Schwarte nach unten in einen Bräter oder die Fettpfanne des Ofens legen und 1/4 l kochendes Wasser angießen. Den Braten im Ofen (unten, Umluft 140°) 15 Min. dämpfen.

2 Ingwer schälen, mit Pfeffer fein hacken, mit Salz, Ahornsirup und Zitronengraspüree verrühren. Braten salzen, mit der Mischung rundum einreiben (auch die Schwarte). Etwa 1 Std. braten, ab und zu mit ausgebratenem Fett begießen.

3 Gemüse waschen. Zitronengras putzen und in 4 cm lange Stücke schneiden. Frühlingszwiebeln putzen, mit dem knackigen Grün in 4–5 cm lange Stücke schneiden. Alles mit den Tomaten neben den Braten legen, Wein angießen. Weitere 1 1/2 Std. braten, bis das Fleisch schön gebräunt ist. Dabei ab und zu mit der Flüssigkeit beschöpfen. Fleisch aus der Form nehmen, Sauce und Gemüse in einen Topf umschütten und bei schwacher Hitze warm halten. Braten mit der Schwarte nach oben auf dem Rost über dem Backblech unter den heißen Grillschlangen kurz knusprig werden lassen. Dann in Scheiben schneiden. Die Sauce abschmecken und dazu servieren. **Dazu schmecken Bratkartoffeln.**

1 Schweinebraten mit Schwarte (etwa 1 kg, die Schwarte vom Braten schon vom Metzger rautenförmig einschneiden lassen)
1 Stück frischer Ingwer (etwa 4 cm lang)
1 TL schwarze Pfefferkörner
Salz
1 EL Ahornsirup
2 TL Zitronengraspüree (Glas, ersatzweise ganz fein gehacktes frisches Zitronengras)
2 Stangen frisches Zitronengras
1 großes Bund Frühlingszwiebeln
250 g Cocktailtomaten
3/8 l aromatischer Weißwein oder Brühe

Gemüse

Sellerie-Orangen-Salat

vitaminreich | Für 4 Personen | 15 Min. Zubereitungszeit
Pro Portion ca. 150 kcal, 2 g EW, 12 g F, 9 g KH

2 Orangen | 3 Frühlingszwiebeln | 4 zarte Stangen Staudensellerie | knapp 1 TL Koriandersamen
2 EL Zitronensaft | Salz | 1/2 TL rosenscharfes Paprikapulver
4 EL Olivenöl | 1 große Handvoll Feldsalat oder Rucola

1 Die Orangen so schälen, dass auch die weiße Haut entfernt wird. Die Filets aus den Trennhäuten schneiden und würfeln, den Saft dabei auffangen. Die Frühlingszwiebeln waschen, putzen und in feine Ringe schneiden. Den Sellerie waschen und in dünne Scheiben schneiden.

2 Koriander in einer Pfanne leicht anrösten, im Mörser fein zerstoßen. Mit Zitronensaft zum Orangensaft geben. Salz und Paprika mit Olivenöl gut untermischen, mit Sellerie, Orangen und Zwiebeln verrühren. Feldsalat waschen, trocken schütteln und auf Tellern anrichten. Den Salat darauf verteilen.

Curry-Basilikum-Kartoffeln

angenehm scharf | Für 4 Personen | 30 Min. Zubereitungszeit
Pro Portion ca. 195 kcal, 6 g EW, 6 g F, 29 g KH

800 g festkochende Kartoffeln | 1 Zwiebel
1 EL neutrales Öl | 2 TL rote oder grüne Currypaste
1/4 l Milch (oder Kokosmilch) | Salz | 1/2 Bund Basilikum
2 TL Zitronensaft

1 Die Kartoffeln schälen, waschen und in knapp 2 cm große Würfel schneiden. Die Zwiebel schälen, vierteln und in feine Streifen schneiden.

2 Das Öl in einem Topf erhitzen, die Currypaste darin andünsten. Milch und 75 ml Wasser dazugeben, Kartoffeln und Zwiebel untermischen, salzen und zugedeckt bei schwacher Hitze in etwa 20 Min. nicht zu weich garen. Zwischendurch umrühren und bei Bedarf etwas Wasser angießen. Das Basilikum waschen, die Blättchen in Streifen schneiden. Mit dem Zitronensaft unter die Kartoffeln mischen, abschmecken.

Spinat mit Granatapfelkernen

orientalisch | Für 4 Personen | 20 Min. Zubereitungszeit
Pro Portion ca. 110 kcal, 6 g EW, 7 g F, 7 g KH

1 kg Blattspinat | 1/2 Granatapfel | je 1/2 Bund Petersilie und Koriandergrün | 2 Knoblauchzehen | 2 EL Olivenöl je 1 TL rosenscharfes und edelsüßes Paprikapulver 1 TL gemahlener Kreuzkümmel | 1 Prise Chilipulver 1 TL Grenadine (Granatapfelsirup, ersatzweise Honig) | Salz

1 Den Spinat verlesen und gründlich waschen. Den Granatapfel in Stücke brechen, Kerne aus den Häutchen lösen. Die Kräuter waschen, die Blättchen sehr fein hacken. Den Knoblauch schälen und dazupressen. Olivenöl, Gewürze und Grenadine mit Salz untermischen.

2 Den Spinat in kochendem Salzwasser in 1–2 Min. zusammenfallen lassen. Gut abtropfen lassen, mit der Kräutermischung verrühren, abschmecken und mit den Granatapfelkernen bestreut servieren.

Geschmorter Endiviensalat mit Chili

süditalienisch | Für 4 Personen | 20 Min. Zubereitungszeit
Pro Portion ca. 105 kcal, 3 g EW, 9 g F, 1 g KH

1 Endiviensalat (etwa 600 g) | 1 rote Zwiebel 2 Knoblauchzehen | 1 rote Chilischote | 2 EL Olivenöl 1/4 Bund Petersilie | 4 Sardellenfilets in Öl | 1 EL Kapern 1 EL Zitronensaft | Salz und Zucker

1 Den Salat waschen und in breite Streifen schneiden. Die Zwiebel schälen, vierteln und in dünne Streifen schneiden. Den Knoblauch schälen und in Scheiben teilen. Die Chilischote waschen und mit den Kernen in Ringe schneiden.

2 Zwiebel, Knoblauch und Chili im Öl andünsten. Den Salat kurz mitdünsten und zugedeckt bei mittlerer Hitze in 8–10 Min. zusammenfallen lassen. Zwischendurch umrühren. Die Petersilie waschen, die Blättchen fein hacken. Die Sardellen klein würfeln. Beides mit Kapern und Zitronensaft unter das Gemüse rühren, mit Salz und 1 Prise Zucker abschmecken.

festliche Beilage oder Hauptsache für zwei
Für 4 Personen
25 Min. Zubereitungszeit
Pro Portion ca.
135 kcal, 3 g EW, 10 g F, 9 g KH

Paprika-Mangold
mit Orangen

- 500 g Mangold
- Salz
- 2 EL Pinienkerne
- je 1 rote und gelbe Paprikaschote
- 2 Knoblauchzehen
- 1 Bio-Orange
- 2 EL Olivenöl
- 1/2 EL Zucker
- 100 ml Gemüsebrühe (oder Kochsud vom Mangold)
- 1/2 TL Chilipulver

1 Den Mangold waschen, die Blätter von den Stielen schneiden und grob hacken. Stiele in breite Streifen schneiden. Die Mangoldstiele in kochendem Salzwasser 2 Min. garen, dann die Blätter hinzufügen und weitere 2 Min. kochen. In einem Sieb kalt abschrecken und abtropfen lassen.

2 Inzwischen Pinienkerne in einer Pfanne ohne Fett bei mittlerer Hitze goldgelb rösten. Paprika waschen, putzen und in feine Streifen schneiden. Knoblauch schälen und in dünne Scheiben schneiden. Orange heiß waschen und abtrocknen, die Hälfte der Schale dünn abschneiden und in feine Streifen schneiden. Orange halbieren. Eine Hälfte so schälen, dass auch die weiße Haut entfernt wird. Das Fruchtfleisch zwischen den Trennwänden herauslösen. Die andere Hälfte auspressen.

3 Paprika und Knoblauch im Öl unter Rühren bei mittlerer Hitze 3–4 Min. braten. Zucker darüberstreuen und schmelzen lassen. Mangold untermischen und kurz mitbraten. Brühe und Orangensaft dazugießen, mit Salz und Chili abschmecken und einmal kräftig aufkochen lassen. Die Orangenfilets untermischen und erwärmen. Das Gemüse mit den Pinienkernen bestreut servieren.

Radicchio und Birnen

mit Gorgonzola überbacken

1 Den Backofen auf 220° (Umluft 200°) vorheizen. Den Radicchio waschen, von den welken Blättern befreien und der Länge nach vierteln oder achteln (runde Köpfe). Das Öl in einer Pfanne erhitzen. Den Radicchio darin bei mittlerer Hitze etwa 5 Min. braten. Dabei ab und zu durchrühren. Mit Salz, Pfeffer und 1 Prise Zucker abschmecken.

2 Inzwischen die Birnen vierteln, schälen, von den Kerngehäusen befreien und in dickere Spalten schneiden. Mit dem Zitronensaft mischen. Den Gorgonzola würfeln. Die Walnusskerne in kleine Stücke brechen.

3 Den Radicchio mit den Birnen in einer feuerfesten Form mischen. Mit Gorgonzola belegen und mit den Pinienkernen oder den Walnüssen bestreuen. Im Ofen (Mitte) 10–12 Min. backen, bis der Käse zerlaufen und leicht braun ist. Warm oder lauwarm servieren.

Variante: Pikanter Balsamico-Radicchio

500 g Radicchio (am besten längliche Stauden) putzen, waschen und der Länge nach vierteln. In 4 EL Olivenöl anbraten, dünne Scheiben von 4 Knoblauchzehen und Ringe von 1–2 Chilischoten dazugeben. Mit 3–4 EL Balsamico ablöschen, mit Salz und 2 TL Honig abschmecken und zugedeckt bei schwacher Hitze 10 Min. schmoren. Mit gerösteten Pinienkernen bestreut warm, lauwarm oder abgekühlt servieren.

auch als warme Vorspeise fein

Für 4 Personen
20 Min. Zubereitungszeit
10–12 Min. Garzeit
Pro Portion ca.
235 kcal, 7 g EW, 17 g F, 14 g KH

2 Radicchiostauden oder -köpfe (etwa 350 g)
2 EL Olivenöl
Salz, Pfeffer und Zucker
2 Birnen
2 EL Zitronensaft
100 g Gorgonzola
2 EL Pinienkerne oder 1 Handvoll Walnusskerne

Das Salatgemüse mit der leicht bitteren Note passt besonders gut zur fruchtigen Birne – und beide haben dem würzigen Käse genug Aroma entgegenzusetzen.

Spargel-Möhren-Wok

schnell und voller Vitamine
Für 4 Personen
20 Min. Zubereitungszeit
Pro Portion ca.
195 kcal, 5 g EW, 13 g F, 14 g KH

- 500 g grüner Spargel
- 500 g zarte Möhren
- 1 Bund Frühlingszwiebeln
- 2 Knoblauchzehen
- 1 Stück frischer Ingwer (etwa 3 cm lang)
- 1 Bio-Limette
- 4 EL neutrales Öl
- 150 ml Gemüsebrühe
- 3 TL Sambal oelek
- 4 EL Sojasauce
- 1 TL Ahornsirup
- Salz
- Korianderblättchen zum Bestreuen

1 Den Spargel waschen und von den holzigen Enden befreien. Falls nötig, die unteren Enden der Stangen dünn schälen. Spargelspitzen abschneiden, Stangen schräg in etwa 1/2 cm dicke Scheiben schneiden. Die Möhren schälen und putzen, erst in dünne Scheiben, diese in etwa 1 cm breite Streifen schneiden. Die Frühlingszwiebeln waschen, putzen und mit dem knackigen Grün in etwa 1 cm lange Stücke schneiden.

2 Knoblauch und Ingwer schälen und fein hacken. Die Limette abwaschen und abtrocknen, die Schale fein abreiben, den Saft auspressen.

3 Den Wok erhitzen, das Öl hineingeben. Möhren und Spargel darin bei starker Hitze unter Rühren etwa 4 Min. braten. Zwiebeln, Ingwer und Knoblauch dazugeben und etwa 1 Min. weiterbraten.

4 Die Brühe mit Sambal, Sojasauce, Ahornsirup und Limettensaft verrühren und zum Gemüse geben. Kräftig aufkochen, mit Limettenschale und Salz abschmecken. Mit Korianderblättchen bestreut servieren. **Dazu schmeckt Basmatireis.**

Küchentipp: Garen im Wok

Das Garen selbst geht in Minutenschnelle vor sich. Deshalb ist es wichtig, alles vorzubereiten und dann erst loszulegen.
Immer erst den Wok gut aufheizen, dann kommt das Öl hinein.
Gemüse je nach Garzeit dazugeben, festes zuerst, solches mit kurzer Garzeit zum Schluss.
Beim Garen dauernd rühren, damit alle Zutaten gleichmäßig mit der Hitze in Berührung kommen und gar werden.

Für mehr Die Zutaten sollen braten und nicht im eigenen Saft schmoren. Deshalb das Gemüse für mehr Personen in zwei Portionen zubereiten. Die erste Portion im Backofen bei 75° warm halten und vor dem Servieren mit dem anderen Gemüse mischen.

HADAY
SUPERIOR LIGHT SOY SAUCE
生抽王

Herbstfreude
Für 4 Personen
15 Min. Zubereitungszeit
15–20 Min. Backzeit
Pro Portion ca.
280 kcal, 12 g EW, 20 g F, 11 g KH

Kürbisgratin
mit Tomaten

- 1 Stück Kürbis (etwa 1 kg)
- 400 g Tomaten
- 2 Knoblauchzehen
- 2 dünne Stangen Lauch
- 1/2 Bund Petersilie
- 200 g Käse (Feta, Taleggio oder junger Pecorino)
- 4 EL Olivenöl
- Salz und Pfeffer

1 Backofen auf 200° vorheizen. Kürbis putzen, schälen und in etwa 1/2 cm dicke, nicht zu große Scheiben schneiden. Tomaten waschen (nach Wunsch häuten) und würfeln. Knoblauch schälen und in dünne Scheiben schneiden, Lauch waschen, putzen und in Streifen schneiden. Die Petersilie waschen, trocken schütteln und die Blättchen fein hacken. Den Käse vorbereiten: Feta zerkrümeln, Taleggio oder Pecorino entrinden und würfeln.

2 Öl in einer Pfanne erhitzen, Kürbis darin bei mittlerer Hitze etwa 5 Min. unter Rühren braten; salzen, pfeffern und herausnehmen. Tomaten, Knoblauch und Lauch in der Pfanne 1–2 Min. andünsten. Petersilie untermischen, mit Salz und Pfeffer abschmecken.

3 Den Kürbis in eine feuerfeste Form verteilen. Tomaten darübergeben und mit dem Käse belegen oder bestreuen. Den Kürbis im Ofen (Mitte, Umluft 180°) 15–20 Min. backen, bis der Käse leicht gebräunt ist. Das Gratin schmeckt heiß, lauwarm und auch abgekühlt gut. **Fein zu Lammkoteletts oder gebratenen Fischfilets.**

Für zwei Trotzdem die ganze Menge zubereiten. Die Hälfte warm mit Fleisch oder Fisch oder als vegetarische Mahlzeit mit Rosmarinkartoffeln genießen, den Rest am nächsten Tag kalt als Vorspeise oder Imbiss essen. Im Kühlschrank aufbewahren, aber mindestens 30 Min. vor dem Essen Zimmertemperatur annehmen lassen.

Salat-Cannelloni

macht Eindruck
Für 4 Personen
35 Min. Zubereitungszeit
25–30 Min. Backzeit
Pro Portion ca.
480 kcal, 36 g EW, 33 g F, 9 g KH

Salz
16 große Blätter Romanasalat
250 g Blattspinat
1 kleinerer Zucchino
1 mittelgroße rote Paprikaschote
400 g Ricotta
2 Eier
50 g frisch geriebener Parmesan
Pfeffer
1 kleine Dose stückige Tomaten (400 g)
250 g Mozzarella
1 EL Olivenöl

1 Salzwasser zum Kochen bringen. Die Salatblätter auseinanderlösen und waschen. Den Spinat verlesen, von den dicken Stielen befreien und ebenfalls gründlich waschen.

2 Die Salatblätter nur kurz ins Wasser tauchen, abschrecken und abtropfen lassen. Den Spinat ins Wasser geben und in etwa 1 Min. zusammenfallen lassen. In ein Sieb abgießen, kalt abschrecken und gut ausdrücken. Dann fein hacken.

3 Den Backofen auf 200° vorheizen. Zucchino und Paprika waschen, putzen und sehr klein würfeln. Den Ricotta mit Eiern und Parmesan verrühren. Spinat, Zucchino und Paprika untermischen, alles mit Salz und Pfeffer abschmecken.

4 Den Strunk der Salatblätter leicht flach klopfen. Die Salatblätter mit der Ricottamasse bestreichen, aufrollen und nebeneinander in eine feuerfeste Form legen. Tomaten mit Salz und Pfeffer würzen und darüber verteilen. Den Mozzarella würfeln und aufstreuen. Mit dem Öl beträufeln und im Ofen (Mitte, Umluft 180°) 25–30 Min. backen, bis die Oberfläche leicht gebräunt ist. **Mit frischem Weißbrot servieren.**

Das geht auch Statt Romana Chinakohl, Spitzkohl oder zarte Wirsingblätter nehmen. Kohl und Wirsing 1 Min. vorkochen.

Hier werden die beliebten Nudelrollen mal durch Salatblätter ersetzt. Das geht nicht nur schneller, der Salat trägt auch noch einen besonders feinen Geschmack bei.

Gemüsecurry
mit Kokosmilch

angenehm scharf
Für 4 Personen
25 Min. Zubereitungszeit
Pro Portion ca.
280 kcal, 8 g EW, 22 g F, 12 g KH

200 g Möhren
2 feste Tomaten
1/2 Chinakohl (etwa 450 g)
150 g Bambussprossen (Glas)
2 EL Öl
400 g TK-Brokkoliröschen
3 TL rote Currypaste oder Sambal oelek
400 ml Kokosmilch
2 EL Limettensaft
1 TL Zucker
Salz
Basilikumblättchen zum Bestreuen

1 Die Möhren schälen, der Länge nach halbieren und leicht schräg in etwa 1/2 cm dicke Scheiben schneiden. Die Tomaten waschen und in Spalten schneiden. Den Chinakohl in die einzelnen Blätter teilen, waschen und in etwa 1 cm breite Streifen schneiden. Die Bambussprossen abtropfen lassen. Falls die Scheiben sehr breit sind, in Streifen schneiden.

2 Das Öl in einem Wok oder einer Pfanne mit Deckel erhitzen, Brokkoli und Möhren darin unter Rühren 2–3 Min. braten. Chinakohl und Bambussprossen kurz mitbraten. Die Currypaste dazugeben und leicht anrösten.

3 Kokosmilch und 100 ml Wasser angießen und aufkochen lassen. Die Tomaten untermischen, das Curry mit Limettensaft, Zucker und Salz abschmecken und zugedeckt bei mittlerer Hitze etwa 5 Min. köcheln lassen, bis das Gemüse bissfest ist. Abschmecken und mit Basilikumblättchen bestreut servieren. **Dazu passt Duftreis.**

Beilage Sesamnudeln mit Limette

Dicke Reisnudeln in leicht gesalzenem Wasser in 4–5 Min. bissfest kochen. Inzwischen 2 EL Sesamsamen in einer Pfanne ohne Fett anrösten, bis sie zu springen anfangen. Im Mörser leicht zerstoßen, mit der abgeriebenen Schale von 1/2 Bio-Limette und 1 EL Sesamöl mischen. Die Nudeln abgießen, mit dem Sesam mischen und zum Curry servieren.

Für zwei Die Zutatenmengen einfach halbieren. Dann aber die Kokosmilch in der Dose vor dem Öffnen kräftig schütteln, damit sich der feste und der flüssige Teil gut mischen. Den Rest der Kokosmilch am besten einfrieren, wenn Sie ihn nicht innerhalb der nächsten Tage verwenden.

Warenkunde Curry

Unter dem Begriff Curry kann man vieles verstehen: Zum einen das Gericht selbst, das mit vielen verschiedenen Gewürzen zubereitet wird. Außerdem das Currypulver, das aus gemahlenen getrockneten Gewürzen gemischt wird und in milder wie auch in pikanter Form (Madras) zu haben ist. Und zuletzt die Currypaste, die aus frischen Chilis mit Kräutern und Gewürzen im Mörser zubereitet wird. Es gibt rote, grüne und gelbe Currypaste. In Thailand verwendet man grüne (die schärfste) für Gemüse, die gelbe für Geflügel und die rote für dunkles Fleisch, aber auch für Garnelen. Currypaste können Sie übrigens im Kühlschrank viele Monate aufheben.

KOKOSMILCH
»cremig«

edel vegetarisch schlemmen
Für 4 Personen
45 Min. Zubereitungszeit
Pro Portion ca.
465 kcal, 33 g EW, 25 g F, 59 g KH

Quarkpflänzchen
mit Gemüsesalat

1/2 Bio-Zitrone
2 Salbeiblättchen
400 g Quark oder Schichtkäse
150 g Weichweizengrieß
2 Eier
Salz und Pfeffer
200 g Zuckerschoten
150 g kleine Egerlinge
200 g zarte Möhren
1 Fenchelknolle
2 EL Zitronensaft
1/2 TL Tomatenmark
1 Msp. Honig
4 EL Öl
1/2 Bund Petersilie
2 EL Butterschmalz zum Braten

1 Die Zitrone waschen, die Schale fein abreiben, den Saft für den Salat auspressen. Den Salbei waschen und fein hacken. Quark gut abtropfen lassen, mit Zitronenschale, Salbei, Grieß und Eiern verrühren, salzen, pfeffern und 30 Min. quellen lassen.

2 Inzwischen Zuckerschoten und Egerlinge kurz waschen und putzen. Die Möhren schälen und ganz lassen. Den Fenchel putzen, waschen, der Länge nach vierteln und quer in gut 1 cm breite Streifen schneiden.

3 Für die Salatsauce den Zitronensaft mit Tomatenmark und Honig verrühren, salzen, pfeffern und das Öl unterschlagen. Die Petersilie waschen und trockenschütteln, die Blättchen fein hacken.

4 Salzwasser zum Kochen bringen. Aus der Quarkmasse 12 Pflänzchen formen, in einer Pfanne im Butterschmalz bei mittlerer Hitze pro Seite etwa 5 Min. braten. Die Möhren im Salzwasser 2 Min. garen. Zuckerschoten, Fenchel und Pilze 2 Min. mitkochen, bis das Gemüse bissfest ist. Abgießen, mit Sauce und Petersilie mischen, abschmecken. Zu den Quarkpflänzchen servieren.

So kommen auch Gäste mal in den Genuss von Puffern – komplett vorbereitet und im Ofen saftig und knusprig überbacken.

Gratinierte Kartoffelpuffer

saftig und knusprig

Für 4 Personen

45 Min. Zubereitungszeit

Pro Portion ca.

515 kcal, 22 g EW, 36 g F, 25 g KH

- 500 g mehligkochende Kartoffeln
- 1 Stück Knollensellerie (etwa 400 g)
- 2 Eier
- 4 EL Mehl
- Salz, Pfeffer und geriebene Muskatnuss
- 2 EL Butterschmalz
- 400 g Champignons oder Egerlinge
- 2 EL Öl
- 2 TL körniger Senf
- 100 g Crème fraîche
- 1 Kästchen Gartenkresse
- 150 g Bergkäse, Greyerzer oder Appenzeller
- Backpapier für das Blech

1 Kartoffeln und Sellerie schälen, eventuell waschen und fein raspeln (am besten mit dem Raspeleinsatz der Küchenmaschine). Flüssigkeit, die sich dabei bildet, abgießen. Kartoffel-Sellerie-Mischung mit Eiern und Mehl verrühren und mit Salz, Pfeffer und Muskat würzen.

2 In einer Pfanne 1 EL Butterschmalz erhitzen. Die Gemüsemasse als kleine Pflänzchen hineinsetzen, etwas flacher streichen und bei mittlerer Hitze pro Seite etwa 3 Min. braten. Gebratene Puffer herausnehmen, übrige Puffer im restlichen Butterschmalz braten.

3 Den Backofen auf 250° (Umluft 220°) vorheizen. Die Pilze mit feuchtem Küchenpapier sauber abreiben und von den Stielenden befreien. Pilze in kleine Würfel schneiden und im Öl unter Rühren bei starker Hitze 4–5 Min. braten. Senf und Crème fraîche dazugeben und die Pilze mit Salz und Pfeffer abschmecken. Die Kresse vom Beet schneiden und untermischen.

4 Die Puffer nebeneinander auf das mit Backpapier belegte Backblech legen und mit Pilzmasse bedecken. Den Käse von der Rinde befreien, grob raspeln und darüberstreuen. Die Puffer im Ofen (Mitte) etwa 5 Min. backen, bis der Käse zerlaufen und leicht braun ist. **Dazu passt ein Blattsalat, z. B. Feldsalat.**

Clever vorbereiten Wenn Sie Gäste haben, können Sie die Puffer schon ein paar Std. vor dem Essen zubereiten. So müssen Sie nur noch die Pilze garen und die Puffer überbacken. Zum Überbacken das Backblech beim Vorheizen mit in den Ofen schieben, dann werden die abgekühlten Puffer auch auf der Unterseite wieder schön knusprig.

Für mehr Da nicht mehr Puffer auf ein Blech passen, das Gericht aber wunderbar sättigend ist, nehmen Sie auch für 6 Personen dieselbe Menge. Servieren Sie noch eine Vorspeise und ein etwas üppigeres Dessert, z. B. Schoko-Chili-Mousse (siehe Seite 184) oder Schokopudding (siehe Seite 187).

Desserts

Beerensalat mit Weinsauce

würzig-fruchtig | Für 4 Personen | 20 Min. Zubereitungszeit
Pro Portion ca. 120 kcal, 1 g EW, 1 g F, 17 g KH

1/4 l trockener Rotwein | 30 g Zucker | 1 Stück Zitronenschale (Bio) | 1 Stück Zimtstange | 500 g gemischte Beeren (z. B. Himbeeren, Erdbeeren, Stachelbeeren)

1 Den Wein mit Zucker, Zitronenschale und Zimt bei starker Hitze etwa 8–12 Min. kochen lassen, bis er dickflüssig wird. Zitronenschale und Zimt entfernen, Sauce abkühlen lassen.

2 Die Beeren verlesen und eventuell ganz kurz waschen. Himbeeren ganz lassen. Erdbeeren putzen, mit Stachelbeeren halbieren oder vierteln. Beeren mit der Sauce mischen und servieren. **Dazu passt halbsteif geschlagene Sahne oder Vanillesauce.**

Erdbeeren mit Vanillequark

auch fürs Frühstück | Für 4 Personen | 15 Min. Zubereitungszeit
Pro Portion ca. 280 kcal, 9 g EW, 16 g F, 23 g KH

**500 g Erdbeeren | 2 EL Zucker | 2 TL Zitronensaft
250 g Quark | 2 Päckchen Vanillezucker | 150 g Sahne
Schokoraspel zum Garnieren**

1 Erdbeeren waschen, von den Kelchen befreien und klein würfeln. Mit dem Zucker und dem Zitronensaft mischen.

2 Den Quark mit Vanillezucker verrühren. Die Sahne steif schlagen und unterheben. Erdbeeren und Quark schichtweise in Gläser füllen, vor dem Servieren mit Schokoraspeln garnieren.

Johannisbeer-Ingwer-Sauce

leicht scharf | Für 4 Personen | 20 Min. Zubereitungszeit
Pro Portion ca. 160 kcal, 2 g EW, 0 g F, 27 g KH

**500 g Schwarze Johannisbeeren | 1 Stück frischer Ingwer (etwa 2 cm lang) | 1/8 l roter Portwein oder Wasser
60 g Zucker | Nelken- oder Chilipulver**

1 Die Johannisbeeren waschen und von den Stielen streifen. Den Ingwer schälen und fein hacken. Beides mit Portwein und Zucker zum Kochen bringen und offen bei mittlerer Hitze etwa 10 Min. köcheln lassen.

2 Die Früchte mit der Flüssigkeit pürieren und mit 1 Prise Nelkenpulver oder Chili abschmecken. Die Sauce warm zu Eis, z. B. Vanille- oder Kokoseis, servieren oder abgekühlt (sie wird dabei etwas fester) zu Schmarrn oder Aufläufen.

Rhabarbergrütze

frühlingsleicht | Für 4 Förmchen à 200 ml | 25 Min. Zubereitungszeit | 2 Std. Kühlzeit
Pro Portion ca. 280 kcal, 29 g EW, 12 g F, 21 g KH

**500 g Rhabarber | 70 g Zucker | 1 Päckchen Vanillezucker
60 g Speisestärke | 400 ml Erdbeer- oder Sauerkirschsaft
4 Zweige Minze | 1/2 TL schwarze Pfefferkörner (noch besser: frische grüne Pfefferkörner) | 150 g Sahne**

1 Rhabarber waschen, putzen und in sehr dünne Scheiben schneiden. Im Topf mit 50 g Zucker und Vanillezucker mischen.

2 Speisestärke in 2 EL Saft anrühren. Übrigen Saft zum Rhabarber gießen, aufkochen und bei mittlerer Hitze zugedeckt etwa 5 Min. garen. Stärke unterrühren und dickflüssig aufkochen lassen. Grütze in die kalt ausgespülten Formen füllen, abkühlen lassen und mindestens 2 Std. kühl stellen.

3 Minze waschen, Blättchen mit dem Pfeffer fein hacken. Sahne mit 10 g Zucker halb steif schlagen, Minze untermischen. Grütze auf Teller stürzen und mit Sahne servieren.

So locker, dass sie auf der Zunge vergeht. Und so würzig, dass sie mehr als nur nach Schokolade schmeckt. Einfach überirdisch gut!

Schoko-Chili-Mousse

Würze zum Dahinschmelzen
Für 4–6 Personen
25 Min. Zubereitungszeit
4 Std. Kühlzeit
Pro Portion (bei 6)
ca. 330 kcal, 7 g EW, 22 g F, 26 g KH

200 g Zartbitter-Schokolade (70 % Kakaoanteil)
1 getrocknete Chilischote
1/2 TL Anissamen nach Belieben
4 ganz frische Eier
40 g Zucker
150 g Sahne

1 Die Schokolade in Stücke brechen und in einer Tasse ins heiße Wasserbad stellen. Chili und Anis im Mörser fein zerkleinern, zur Schokolade geben und diese unter gelegentlichem Umrühren bei mittlerer Hitze schmelzen lassen. Aus dem Wasserbad heben und lauwarm werden lassen.

2 Die Eier trennen. Die Eigelbe mit dem Zucker zu einer schaumigen Creme aufschlagen, die Eiweiße und die Sahne getrennt steif schlagen. Die Schokolade unter die Eigelbcreme rühren, den Eischnee und die Sahne unterheben. Die Mousse in Portionsschälchen füllen und im Kühlschrank in etwa 4 Std. fest werden lassen.

Für mehr Die Mousse reicht auch für 8 oder sogar 10 Personen. Bereiten Sie in diesem Fall zusätzlich den Mangosalat von Seite 98 zu und servieren Sie ihn zur Mousse.

Varianten

Nugatmousse

150 g Nussnugat in Würfel schneiden und im Wasserbad schmelzen. 2 Eigelb mit 2 EL Zucker schaumig schlagen. 2 Eiweiß und 150 g Sahne getrennt steif schlagen. Nugat unter die Eigelbcreme rühren. Eischnee und Sahne unterheben. Die Masse in Förmchen füllen und in mindestens 2 Std. fest werden lassen.

Joghurtmousse

3 Blatt weiße Gelatine 10 Min. in kaltem Wasser einweichen. Das Mark von 1 Vanilleschote mit 400 g Joghurt, 2 EL Puderzucker und 1 EL Zitronensaft verrühren. Die Gelatine tropfnass mit 2 EL Wasser in einem Topf bei schwacher Hitze schmelzen lassen. Mit 2 EL Joghurtcreme verrühren, unter die übrige Creme mischen. 200 g Sahne mit 2 EL Puderzucker steif schlagen und unterheben.
Die Creme in kalt ausgespülte Förmchen füllen und 2 Std. kühl stellen. Stürzen und mit einem Fruchtsalat oder einer Sauce (z. B. der Johannisbeer-Ingwer-Sauce von Seite 183) servieren.

Kastaniencreme
mit Birnen

auch für viele gut
Für 4 Personen
20 Min. Zubereitungszeit
Pro Portion ca.
580 kcal, 6 g EW, 26 g F, 75 g KH

400 g gegarte Kastanien (vakuumverpackt)
2 EL Rum nach Belieben
300 g Sahne
2 Päckchen Vanillezucker
20 g Zucker
1/2 TL Zimtpulver
1 EL ungesüßtes Kakaopulver
2 Birnen (etwa 450 g)
1 Bio-Zitrone
2 EL milder Honig oder Ahornsirup
Minzeblättchen und Puderzucker zum Garnieren

1 Die Kastanien grob hacken und mit dem Rum, der Sahne, dem Vanillezucker, dem Zucker, dem Zimt und dem Kakao fein pürieren. Zugedeckt bis zum Servieren in den Kühlschrank stellen.

2 Die Birnen vierteln, schälen und vom Kerngehäuse befreien, in kleine Würfel schneiden. Die Zitrone waschen und abtrocknen, die Schale fein abreiben, 1/2 Zitrone auspressen. Die Birnen mit Zitronenschale und -saft sowie dem Honig erhitzen und offen bei mittlerer Hitze etwa 5 Min. köcheln lassen. Zum Abkühlen in eine Schüssel füllen.

3 Zum Servieren von der Creme mit einem Esslöffel oder dem Eisportionierer Kugeln abstechen und auf Teller verteilen. Das Kompott darauf oder daneben verteilen. Mit Minzeblättchen garnieren und mit Puderzucker bestäuben.

Variante: Avocadocreme mit Joghurt und Limette
2 Avocados halbieren, entkernen und schälen. Das Fruchtfleisch grob würfeln und mit der abgeriebenen Schale von 1 Bio-Limette und dem Saft von 2 Limetten sowie 400 g Vollmilchjoghurt und 2 EL Ahornsirup fein pürieren. In Schälchen füllen und mit etwas abgeriebener Limettenschale garniert servieren.

Pudding ist eine Masse, die im Wasserbad (offen oder geschlossen) zubereitet wird. Das, was wir in Zeiten des Puddingpulvers darunter verstehen, ist korrekt ein Flammeri.

Schokopudding
mit Mandeln und Zimt

lässt sich gut vorbereiten
Für 4 hitzefeste Förmchen
(je etwa 150 ml Inhalt)
20 Min. Zubereitungszeit
45 Min. Garzeit
Pro Portion ca.
430 kcal, 9 g EW, 35 g F, 20 g KH

75 g Zartbitter-Schokolade
40 g geschälte Mandeln
2 TL Zimtpulver
Chilipulver
3 Eier
30 g Butter + Butter für die Förmchen
30 g brauner Zucker
150 g Sahne
1 Päckchen Vanillezucker
etwas abgeriebene Bio-Zitronenschale

1 Schokolade in Stücke brechen, Mandeln grob hacken. Beides zusammen in der Küchenmaschine oder im Blitzhacker fein zerkleinern. Mit dem Zimt und 1 Prise Chili mischen. Den Backofen auf 180° vorheizen. Die Förmchen mit Butter ausstreichen.

2 Die Eier trennen. Die Eiweiße zu steifem Schnee schlagen. Die Butter mit dem Zucker cremig schlagen, die Eigelbe nach und nach unterrühren. Die Schokomischung unterrühren, dann den Eischnee unterheben. Die Masse in die Förmchen füllen.

3 In die Fettpfanne des Backofens heißes Wasser füllen, die Förmchen hineinstellen. Den Schokopudding im Ofen (Mitte, Umluft 160°) etwa 45 Min. garen. Dabei, falls nötig, wieder etwas heißes Wasser nachgießen.

4 Die Förmchen aus dem Wasserbad nehmen und abkühlen lassen. Zum Servieren die Sahne mit dem Vanillezucker halb steif schlagen, mit der Zitronenschale abschmecken. Die Schokopuddings mit einem Messer vom Rand der Förmchen lösen und auf Teller stürzen. Mit der Sahne garnieren und servieren.

Zitronen-Vanille-Flan

herrlich erfrischend
Für 4 Förmchen à 1/4 l oder 6 à 175 ml Inhalt
20 Min. Zubereitungszeit
45 Min. Garzeit
Pro Portion (bei 6)
ca. 500 kcal, 8 g EW, 29 g F, 48 g KH

150 g Zucker
100 ml Limoncello (italienischer Zitronenlikör)
2 Bio-Zitronen
1 Vanilleschote
2 Eier
4 Eigelb
250 g Sahne

1 80 g Zucker in einem Topf bei mittlerer Hitze schmelzen und leicht braun werden lassen. Den Limoncello angießen und kochen lassen, bis der Zucker wieder flüssig und leicht braun ist. Den Limoncellokaramell in die Förmchen füllen.

2 Den Backofen auf 150° vorheizen. Die Zitronen waschen und abtrocknen, die Schale fein abreiben. Die Zitronen auspressen, es sollen 80 ml Saft sein. Die Vanilleschote der Länge nach aufschlitzen und das Mark mit dem Messerrücken herauskratzen.

3 Die Eier und die Eigelbe mit dem restlichen Zucker und dem Vanillemark gründlich verrühren. Zitronenschale und -saft sowie die Sahne untermischen. Die Masse vorsichtig in die Förmchen auf den Karamell gießen.

4 Die Förmchen in eine feuerfeste Form stellen und so viel heißes Wasser angießen, dass die Förmchen etwa zur Hälfte darin stehen. Im Ofen (unten, Umluft 130°) etwa 45 Min. garen, bis die Masse in den Förmchen fest ist.

5 Die Flans abkühlen lassen, dann mit einem Messer vorsichtig vom Rand der Förmchen lösen und auf Teller stürzen.

Küchentipp: Karamell kochen

Der Zucker soll schmelzen, aber nicht zu braun werden, sonst bekommt der Karamell ein bitteres Aroma. Also in jedem Fall neben dem Topf stehen bleiben und den Zucker beobachten. Zu viel rühren sollten Sie nicht, er schmilzt besser von alleine. Kommt Flüssigkeit dazu, wird der Zucker durch den Temperaturunterschied erst einmal fest. Sobald sich die Flüssigkeit allerdings erwärmt, löst sich der feste Zucker wieder auf. Also einfach Geduld haben!

Das geht auch Statt mit Zitronensaft lässt sich die feine Eiercreme auch mit anderen Zutaten aromatisieren. Gut schmecken abgekühlter Espresso oder in Milch geschmolzene Schokolade oder Kakao. Ebenfalls fein: Vanille unterrühren. Und der Karamell lässt sich statt mit Limoncello einfach mit Wasser zubereiten.

feine Kombination für Erwachsene
Für 4 Personen
30 Min. Zubereitungszeit
Pro Portion ca.
300 kcal, 6 g EW, 7 g F, 49 g KH

Folienfrüchte
mit Prosecco-Sabayon

- 1 Mango
- 4 Bananen
- 3 EL Zitronensaft
- 4 EL heller Honig
- 2 sehr frische Eier
- 2 sehr frische Eigelb
- etwas abgeriebene Zitronenschale (Bio)
- 2 EL Zucker
- 150 ml Prosecco

Das geht auch Zwetschgen und Birnen mischen und den Sabayon mit Marsala oder Sherry zubereiten. Oder Erdbeeren und Rhabarber mischen und Süßwein für die Creme nehmen.

1 Den Backofen auf 220° (Umluft 200°) vorheizen. Die Mango schälen und das Fruchtfleisch in möglichst formschönen Schnitzen vom Kern abschneiden. Die Bananen schälen und der Länge nach halbieren.

2 Ein großes Stück Alufolie auf der Arbeitsfläche ausbreiten und die Früchte darauf verteilen. Zitronensaft mit Honig verrühren und über den Früchten verteilen. Die Folie schließen und die Früchte im Ofen (Mitte) etwa 20 Min. backen.

3 Die Eier und die Eigelbe mit der Zitronenschale und dem Zucker in einer Edelstahlschüssel mit den Quirlen des Handrührgerätes schaumig schlagen. Den Prosecco unterrühren. Die Schüssel in ein heißes Wasserbad stellen und die Eiercreme 5–10 Min. kräftig weiterschlagen, bis sie dickflüssig und schön schaumig ist.

4 Die Früchte aus der Folie auf Teller heben, mit Sabayon beschöpfen und warm servieren.

Die knusprige Tarte schmeckt auch mit Aprikosen oder Pfirsichen, die Marzipansauce wird zur schnellen Ergänzung von fertig gekauften Plätzchen und ein paar frischen Früchten.

Zwetschgentarte
mit Marzipansauce

1 Die Blätterteigplatten etwa 10 Min. nebeneinander auftauen lassen. Inzwischen die Zwetschgen waschen, halbieren und entsteinen. Zwetschgen in Schnitze schneiden. Die Orangenhälfte heiß waschen und abtrocknen, die Schale fein abreiben, den Saft auspressen. Die Zwetschgen mit der Orangenschale und dem -saft sowie dem Ahornsirup mischen.

2 Den Backofen auf 200° (Umluft 180°) vorheizen. Die Teigplatten aufeinanderlegen und auf wenig Mehl zu einer Platte ausrollen. In Größe der Form zuschneiden. Die Form kalt ausspülen und den Teig hineinlegen. Die Zwetschgen darauf verteilen. Die Tarte im Ofen (Mitte) etwa 20 Min. backen. Die Tarte aus dem Ofen nehmen und lauwarm abkühlen lassen.

3 Inzwischen die Marzipan-Rohmasse in Würfel schneiden und mit der Sahne und eventuell dem Amaretto fein pürieren. Mit dem Bittermandelaroma abschmecken. Die Tarte in Stücke teilen und auf Tellern verteilen. Mit der Marzipansauce garniert servieren.

festlich

Für 1 Tarteform von 28–30 cm Ø
25 Min. Zubereitungszeit
20 Min. Backzeit
Bei 8 Stücken pro Stück ca.
345 kcal, 4 g EW, 20 g F, 35 g KH

4 Platten TK-Blätterteig (etwa 320 g)
750 g Zwetschgen
1/2 Bio-Orange
60 g Ahornsirup
100 g Marzipan-Rohmasse
150 g Sahne
1 EL Amaretto nach Belieben
ein paar Tropfen Bittermandelaroma
Mehl zum Arbeiten

Was koche ich, wenn...

... es besonders einfach sein soll

Bunter Wurstsalat 29
Buntes Gemüsegratin 81
Erdbeeren mit Vanillequark 182
Garnelen im Zitronengrassud 146
Gebratene Couscousschnitten 100
Gemüsetopf mit Kartoffeln und Hack 42
Gurken in Kräutersauce 77
Kartoffelsuppe mit buntem Gemüse 36
Kartoffelwedges mit Limettensalz 67
Käsenudeln 57
Kastaniencreme mit Birnen 186
Kastaniencremesuppe 131
Kräuter-Zitronen-Reis 48
Linsen-Apfel-Suppe 41
Minutenschnitzel mit Orangensahne 91
Möhren-Curry-Ebly 49
Paprika-Käse-Brötchen aus dem Ofen 17
Pilzpizza 60
Polentasuppe mit Kräutern und Kohlrabi 41
Quittensauce 144
Räucherfisch mit Apfel-Meerrettich 18
Rinderbraten in Weißwein geschmort 161
Rinderlende im Ofen sanft gegart 162
Rotbarbenfilets in Vanillebutter 152
Rote Bete mit Kreuzkümmel-Joghurt 23
Saibling in Folie auf Tomaten-Fenchel-Gemüse 154
Schafkäsepizza 60
Schinkenstreifen mit Limetten-Butter 133
Schoko-Chili-Mousse 184
Stampfkartoffeln mit Apfel 66
Wacholderfisch auf Gemüsestreifen 87

... es vegetarisch sein soll

Asianudeln mit Gemüse und Tofu 53
Avocado-Carpaccio mit Chili-Vinaigrette 126
Blattsalat mit gebratenen Apfelspalten 125
Blattspinat mit Tomaten 77
Buntes Gemüsegratin 81
Chicoréesalat mit Möhren und Datteln 124
Chilipilze mit Gorgonzolacreme 74
Couscoussalat mit Fenchel und Orangen 24
Crostini mit Tomatenricotta 121
Curry-Basilikum-Kartoffeln 170
Gebratener Reis mit Gemüse 62
Gemüsecouscous mit Curry 51
Gemüsecurry mit Kokosmilch 178
Gemüsesalat mit weißen Bohnen 30
Gnocchi mit grünem Spargel 58
Gratinierte Kartoffelpuffer 181
Gurken in Kräutersauce 77
Kartoffel-Kürbis-Gratin mit Gorgonzola 70
Kartoffelsuppe mit buntem Gemüse 36
Käsenudeln 57
Kastaniencremesuppe 131
Kohlrabi-Erbsen-Auflauf 79
Kürbisgratin mit Tomaten 176
Kürbissuppe mit Orange 131
Linsen-Apfel-Suppe 41
Paprika-Mangold mit Orangen 172
Polentaschnitten mit Tomaten und Kräutern 50
Polentasuppe mit Kräutern und Kohlrabi 41
Quarkpflänzchen mit Gemüsesalat 180
Radicchio und Birnen mit Gorgonzola überbacken 173
Reissuppe mit Zucchini und Feta 37
Rosenkohl mit Zitronen-Thymian-Butter 77
Rosmarin-Öl mit Käse 55
Rote-Bete-Carpaccio mit Feigen-Vinaigrette und Ziegenkäse 122
Safrantomaten mit Ziegenkäse 133
Salat-Cannelloni 177
Schupfnudeln mit Sahne-Senf-Pilzen 73
Sellerie-Orangen-Salat 170
Spargel-Möhren-Wok 174
Spinat mit Granatapfelkernen 171
Spinatsauce mit Feta 55
Stampfkartoffeln mit Apfel 66
Würziger Paprikasugo 55
Zitronenmangold mit Pinienkernen 75
Zucchini-Frittata 80

... ich möglichst viel vorbereiten möchte

Aprikosen-Orangen-Kompott 99
Chilibohnen mit Knoblauchbrot 46
Entenbrust nach Sauerbraten-Art 165
Fischfilets mit Kartoffel-Oliven-Haube 150
Fleischpflanzerl vom Kalb mit Kapern und Sardellen 92
Gebratene Couscousschnitten 100
Gratinierte Kartoffelpuffer 181
Kartoffeln im knusprigen Speckmantel 68
Kürbisgratin mit Tomaten 176
Kürbissuppe mit Orange 131
Lammcouscous aus dem Ofen mit Fetahaube 142
Mangosalat mit Limettensirup 98
Orientalischer Vorspeisenteller 128
Polenta-Wurst-Pflänzchen mit Tomatensalsa 143
Polentaschnitten mit Tomaten und Kräutern 50
Ragout vom Schwein mit Kräutern 97
Räucherfisch mit Apfel-Meerrettich 18
Rhabarbergrütze 183
Rhabarberkompott mit Vanille 98
Rinderrouladen mit Brätfüllung 167

Rindfleischcurry mit Aprikosen 160
Schoko-Chili-Mousse 184
Speck-Honig-Datteln auf Käsecrackern 120
Wacholderfisch auf Gemüsestreifen 87
Zitronen-Vanille-Flan 188
Zucchini-Frittata 80
Zwetschgen-Mohn-Sauce 99

... es preiswert sein soll

Blattsalat mit gebratenen Apfelspalten 125
Bratkartoffeln mit Paprika 66
Bratwurstgröstl mit Kohlrabi 72
Bunter Wurstsalat 29
Buntes Gemüsegratin 81
Erdbeeren mit Vanillequark 182
Gebratene Couscousschnitten 100
Gemüsecouscous mit Curry 51
Geschmorter Endiviensalat mit Chili 171
Gurken in Kräutersauce 77
Kartoffel-Kürbis-Gratin mit Gorgonzola 70
Kartoffeln im knusprigen Speckmantel 68
Kartoffelsalat mit Wirsing 26
Kartoffelsuppe mit buntem Gemüse 36
Käsenudeln 57
Kohlrabi-Erbsen-Auflauf 79
Kräuterpfannkuchen 33
Kürbisgratin mit Tomaten 176
Kürbissuppe mit Orange 131
Lachsfilet mit Gurken-Meerrettich-Sauce 84
Lauch-Brätnockerl 32
Laugenbrötchen mit Zucchini-Frischkäse 16
Linsen-Apfel-Suppe 41
Linseneintopf mit Knusperspeck 44
Orientalischer Vorspeisenteller 128
Pilz-Thunfisch-Sugo 55
Polenta-Wurst-Pflänzchen mit Tomatensalsa 143
Quarkpflänzchen mit Gemüsesalat 180
Ragout vom Schwein mit Kräutern 97
Reissuppe mit Zucchini und Feta 37
Rosenkohlgerste mit Gorgonzola 64
Semmelauflauf mit Äpfeln und Nüssen 108
Spinatsauce mit Feta 55
Stampfkartoffeln mit Apfel 66
Wacholderfisch auf Gemüsestreifen 87
Zucchini-Frittata 80

... es mediterran sein soll

Bunt belegte Panini 17
Crostini mit Tomatenricotta 121
Fischfilets mit Kartoffel-Oliven-Haube 150
Fleischpflanzerl mit Oliven, Tomaten und Gorgonzola 92
Folienfrüchte mit Prosecco-Sabayon 190
Gebratener Reis mit Gemüse 62
Gedämpfter Fisch mit Knoblauchtomaten 88
Gemüsesalat mit weißen Bohnen 30
Geschmorter Endiviensalat mit Chili 171
Gnocchi mit grünem Spargel 58
Kartoffelpüree mit Oliven 67
Lammcouscous aus dem Ofen mit Fetahaube 142
Linsen italienisch 44
Mittelmeer-Dressing 20
Nudelsalat mit Ölsardinen 25
Pochierte Lammfilets mit grüner Sauce 157
Polenta-Wurst-Pflänzchen mit Tomatensalsa 143
Polentaschnitten mit Tomaten und Kräutern 50
Radicchio und Birnen mit Gorgonzola überbacken 173
Ricottaklößchen mit Rucola 33
Tomaten-Melonen-Salat mit Gorgonzoladressing 23
Tomaten-Risotto mit Salsiccia 65
Zitronenmangold mit Pinienkernen 75
Zucchini-Frittata 80

... es asiatisch oder orientalisch sein soll

Aprikosen-Orangen-Kompott 99
Asia-Gurkensalat 153
Asianudeln mit Gemüse und Tofu 53
Auberginen-Reis mit Hackbällchen 140
Avocado-Carpaccio mit Chili-Vinaigrette 126
Chicoréesalat mit Möhren und Datteln 124
Curry-Basilikum-Kartoffeln 170
Doraden in Chili-Öl mit Erdnüssen 153
Entenbrust mit Ananas-Salsa 156
Fisch-Bulgur mit Tomate und Granatapfel 141
Garnelen im Zitronengrassud 146
Gemüsecouscous mit Curry 51
Gemüsecurry mit Kokosmilch 178
Gemüse-Wok mit feinem Filet 94
Hähnchen orientalisch in Sherry geschmort 164
Johannisbeer-Ingwer-Sauce 183
Kokossuppe mit Meerbarbenfilets 131
Krustenbraten mit Zitronengras 169
Lammpflanzerl mit Koriander und Datteln 92
Limettendressing mit Sesam 20
Linsen indisch 44
Mangocarpaccio mit Schwertfisch 126
Mango-Limetten-Tatar 144
Mangosalat mit Limettensirup 98
Orientalischer Vorspeisenteller 128
Reis asiatisch 61
Reisnudeln mit Korianderhuhn 137
Rindfleischcurry mit Aprikosen 160
Seeteufel auf Ingwertomaten aus dem Ofen 151
Sesamnudeln mit Limette 178
Spargel-Möhren-Wok 174
Spinat mit Granatapfelkernen 171
Toastecken mit Lachs und Wasabi 120
Tomatencouscous mit Gewürzbutter 48
Zarter Fisch in Ingwer-Koriander-Salz 148

A

Ananas-Salsa 156
Anrichten 116f.
Äpfel
  Blattsalat mit gebratenen Apfelspalten 125
  Bratäpfel in Vanillesauce 107
  Linsen-Apfel-Suppe 41
  Räucherfisch mit Apfel-Meerrettich 18
  Semmelauflauf mit Äpfeln und Nüssen 108
  Stampfkartoffeln mit Apfel 66
Aprikosen, getrocknete
  Aprikosen-Orangen-Kompott 99
  Aprikosensauce 158
  Kalbstafelspitz mit zwei Saucen 158
  Rindfleischcurry mit Aprikosen 160
Artischockenherzen: Bunt belegte Panini 17
Asia-Gurkensalat 153
Asianudeln (Warenkunde) 53
Asianudeln mit Gemüse und Tofu 53
Aubergine
  Auberginen-Reis mit Hackbällchen 140
  Gemüsesalat mit weißen Bohnen 30
  Orientalischer Vorspeisenteller 128
Austernpilze
  Asianudeln mit Gemüse und Tofu 53
  Gemüse-Wok mit feinem Filet 94
Avocado
  Avocado-Carpaccio mit Chili-Vinaigrette 126
  Avocadocreme mit Joghurt und Limette (Variante) 186
  Löwenzahnsalat mit Räucherfisch 23
  Tomaten-Avocado-Tatar 145

B

Bambussprossen. Gemüsecurry mit Kokosmilch 178
Bananen
  Folienfrüchte mit Prosecco-Sabayon 190
  Schokoauflauf auf Honigbananen 105
Basilikum
  Curry-Basilikum-Kartoffeln 170
  Nudelsalat mit Ölsardinen 25
  Pochierte Lammfilets mit grüner Sauce 157
Beerensalat mit Weinsauce 182
Beilagen 14
Birnen
  Birnenkren 158
  Kalbstafelspitz mit zwei Saucen 158
  Kastaniencreme mit Birnen 186
  Radicchio und Birnen mit Gorgonzola überbacken 173
Bismarckhering. Fischbrötchen mit Radieschencreme 16
Blätterteig 11
  Wirsingquiche mit Senfcreme 60
  Zwetschgentarte mit Marzipansauce 191
Blattsalat mit gebratenen Apfelspalten 125
Blattspinat mit Tomaten 77
Blitzbrühe aus Hackfleisch (Variante) 34
Blumenkohlcreme mit Nussbröseln 38
Bohnen, grüne
  Gemüsecouscous mit Curry 51
  Linseneintopf mit Knusperspeck 44
Bohnenkerne 10
  Bohnenkerne kochen (Küchentipp) 30
  Gemüsesalat mit weißen Bohnen 30
Borretsch: Gurken in Kräutersauce 77
Bratäpfel in Vanillesauce 107
Bratkartoffeln mit Paprika 66
Bratwurstgröstl mit Kohlrabi 72
Brokkoli
  Buntes Gemüsegratin 81
  Gemüsecurry mit Kokosmilch 178
Brot 10
  Brötchen mit Radieschencreme 16
  Bunt belegte Panini 17
  Laugenbrötchen mit Zucchini-Frischkäse 16
  Paprika-Käse-Brötchen 17
  Semmelauflauf mit Äpfeln und Nüssen 108
Bulgur: Fisch-Bulgur mit Tomate und Granatapfel 141
Bunt belegte Panini 17
Bunter Wurstsalat 29
Buntes Gemüsegratin 81
Büromahlzeiten 14
Butterpilze mit Trüffeln 132

C

Champignons
  Buntes Gemüsegratin 81
  Gratinierte Kartoffelpuffer 181
  Kalbfleisch-Pilz-Carpaccio 126
  Pilzpizza 60
  Pilz-Thunfisch-Sugo 55
  Schupfnudeln mit Sahne-Senf-Pilzen 73
Chicorée
  Chicoréesalat mit Möhren und Datteln 124
  Hähnchensalat mit Früchten und Radicchio 28
Chili
  Chilibohnen mit Knoblauchbrot 46
  Chili-Öl 153
  Chilipilze in Gorgonzolacreme 74
  Geschmorter Endiviensalat mit Chili 171
  Schoko-Chili-Mousse 184
Chinakohl: Gemüsecurry mit Kokosmilch 178
Couscous 11
  Couscoussalat mit Fenchel und Orangen 24
  Gebratene Couscousschnitten 100
  Gemüsecouscous mit Curry 51
  Lammcouscous aus dem Ofen mit Fetahaube 142
  Tomatencouscous mit Gewürzbutter 48
Cracker: Speck-Honig-Datteln auf Käsecrakern 120
Crostini mit Tomatenricotta 121
Curry (Warenkunde) 178
Curry-Basilikum-Kartoffeln 170

D

Dämpfzeiten für Fisch (Küchentipp) 88
Datteln
  Bratäpfel in Vanillesauce 107
  Chicoréesalat mit Möhren und Datteln 124
  Speck-Honig-Datteln auf Käsecrackern 120
Doraden in Chili-Öl mit Erdnüssen 153
Dosentomaten (Ideen) 10
Dressings
  Gorgonzoladressing 23
  Käsedressing mit Nüssen 20
  Kräuter-Joghurt-Dressing (Variante) 20
  Limetten-Dressing mit Sesam (Variante) 20
  Mittelmeer-Dressing (Variante) 20

E

Ebly: Möhren-Curry-Ebly 49
Egerlinge: Quarkpflänzchen mit Gemüsesalat 180
Eier (Ideen) 11
Eier-Feta-Sauce 19
Einkauf 6, 15
Endiviensalat
  Geschmorter Endiviensalat mit Chili 171
  Tagliatelle mit Endivie und Räucherlachs 136
Entenbrust mit Ananas-Salsa 156
Entenbrust nach Sauerbraten-Art 165
Erbsen: Kohlrabi-Erbsen-Auflauf 79
Erdbeeren
  Erdbeeren mit Vanillequark 182
  Quarknockerl mit Erdbeersalat 111
Erdnüsse: Doraden in Chili-Öl mit Erdnüssen 153
Esszeiten organisieren 15

F

Fadennudeln: Karamellnudeln mit Himbeeren 104
Feigen, getrocknete
  Entenbrust nach Sauerbraten-Art 165
  Feigen-Portwein-Sauce 83
  Rote-Bete-Carpaccio mit Feigen-Vinaigrette und Ziegenkäse 122
Feldsalat
  Blattsalat mit gebratenen Apfelspalten 125
  Feldsalatpesto mit Kürbiskernen 134
  Sellerie-Orangen-Salat 170
Fenchel
  Couscoussalat mit Fenchel und Orangen 24
  Gemüsecouscous mit Curry 51
  Quarkpflänzchen mit Gemüsesalat 180
  Saibling in Folie auf Tomaten-Fenchel-Gemüse 154
  Wacholderfisch auf Gemüsestreifen 87
Feta
  Grüner Spargel mit Eier-Feta-Sauce 19
  Lammcouscous aus dem Ofen mit Fetahaube 142
  Lammtopf mit Kichererbsen und Spinat 47
  Orientalischer Vorspeisenteller 128
  Reissuppe mit Zucchini und Feta 37
  Schafkäsepizza 60
  Spinatsauce mit Feta 55
  Zucchini-Frittata 80
Fisch aus der Folie (Küchentipp) 154
Fisch braten (Küchentipp) 152

Fisch pochieren (Küchentipp) 147
Fischfilets dünsten (Küchentipp) 84
Fisch s. auch Doraden, Thunfisch etc.
Brötchen mit Radieschencreme 16
Fisch-Bulgur mit Tomate und Granatapfel 141
Fischfilets mit Kartoffel-Oliven-Haube 150
Gedämpfter Fisch mit Knoblauchtomaten 88
Gemüsesalat mit weißen Bohnen 30
Löwenzahnsalat mit Räucherfisch 23
Räucherfisch mit Apfel-Meerrrettich 18
Rotbarbenfilets in Vanillebutter 152
Saibling in Folie auf Tomaten-Fenchel-Gemüse 154
Wacholderfisch auf Gemüsestreifen 87
Zarter Fisch in Ingwer-Koriander-Salz 148
Fleisch braten (Küchentipp) 91
Fleisch zum Schmoren (Küchentipp) 97
Fleisch: Gemüse-Wok mit feinem Filet 94
Fleischbrühe 34
Fleischpflanzerl mit Oliven, Tomaten und Gorgonzola (Variante) 92
Fleischpflanzerl vom Kalb mit Kapern und Sardellen 92
Folienfrüchte mit Prosecco-Sabayon 190
Forellen in Kräutersauce 86
Form fetten? (Küchentipp) 79
Frischkäse
Käsedressing mit Nüssen 20
Roastbeefbrote mit Zucchini-Rucola-Salat 121
Toastecken mit Lachs und Wasabi 120
Laugenbrötchen mit Zucchini-Frischkäse 16
Frittata: Zucchini-Frittata 80
Frühlingszwiebeln
Gurken in Kräutersauce 77
Kohlrabi-Erbsen-Auflauf 79
Kokossuppe mit Meerbarbenfilets 131
Krustenbraten mit Zitronengras 169
Rosmarin-Öl mit Käse 55
Spargel-Möhren-Wok 174
Zitronenrisotto mit Kaninchen 139

G
Garen im Wok (Küchentipp) 174
Garnelen im Zitronengrassud 146
Garnieren 116f.
Gebratene Couscousschnitten 100
Gebratener Reis mit Gemüse 62
Gedämpfter Fisch mit Knoblauchtomaten 87
Geflügelleberspätzle 32
Gemüsebrühe (Variante) 34
Gemüsecouscous mit Curry 51
Gemüsecurry mit Kokosmilch 178
Gemüsehobel 8
Gemüsesalat mit weißen Bohnen 30
Gemüsesuppe mit Kasseler und Senf 41
Gemüsetopf mit Kartoffeln und Hack 42
Gemüse-Wok mit feinem Filet 94
Gerste
Gerstensuppe mit buntem Gemüse (Variante) 64
Rosenkohlgerste mit Gorgonzola 64
Geschmorter Endiviensalat mit Chili 171
Gewürzbutter 48
Gnocchi-Gemüse-Gratin (Variante) 58
Gnocchi mit grünem Spargel 58
Gnocchi selber machen (Küchentipp) 58
Gorgonzola
Chilipilze in Gorgonzolacreme 74
Gnocchi mit grünem Spargel 58
Kartoffel-Kürbis-Gratin mit Gorgonzola 70
Radicchio und Birnen mit Gorgonzola überbacken 173
Rosenkohlgerste mit Gorgonzola 64
Tomaten-Melonen-Salat mit Gorgonzoladressing 23
Granatapfel
Fisch-Bulgur mit Tomate und Granatapfel 141
Spinat mit Granatapfelkernen 171
Grapefruit: Hähnchensalat mit Früchten und Radicchio 28
Gratinierte Früchte mit Nusshaube 106
Gratinierte Kartoffelpuffer 181
Grieß
Quarknockerl mit Erdbeersalat 111
Quarkpflänzchen mit Gemüsesalat 180
Grüne Sauce 156
Grüner Spargel mit Eier-Feta-Sauce 19
Gurken
Bunter Wurstsalat 29
Gurken in Kräutersauce 77
Lachsfilet mit Gurken-Meerrettich-Sauce 84
Putenschnitzel mit roher Gurkensauce 90
Rinderlende im Ofen sanft gegart 162

H
Hackfleisch
Auberginen-Reis mit Hackbällchen 140
Einkaufstipp 92
Gemüsetopf mit Kartoffeln und Hack 42
Hähnchenfleisch
Hähnchen orientalisch in Sherry geschmort 164
Hähnchensalat (Variante) 34
Hähnchensalat mit Früchten und Radicchio 28
Hühnerbrühe (Variante) 34
Hühnerbrüstchen mit Steinpilz-Käse-Füllung 166
Hühnerfleisch garen (Küchentipp) 95
Hühnerkeulen auf Paprika-Lauch-Kartoffeln 95
Nudeln mit Huhn, Lauch und Meerrettich 56
Reisnudeln mit Korianderhuhn 137
Haselnüsse
Blumenkohlcreme mit Nussbröseln 38
Gratinierte Früchte mit Nusshaube 106
Hausgemachte Nudeln 134
Himbeeren: Karamellnudeln mit Himbeeren 104
Hirschfilet mit Kräuterkruste und Schokosauce 168
Hühnerleber: Geflügelleberspätzle 32

I
Ingwer
Johannisbeer-Ingwer-Sauce 183
Seeteufel auf Ingwertomaten aus dem Ofen 151
Zarter Fisch in Ingwer-Koriander-Salz 148
Instant-Couscous (Ideen) 11
Instant-Polenta (Ideen) 11
Instant-Reis (Ideen) 11
Italienischer Rotweinbraten (Variante) 161

J
Joghurt
Joghurtmousse (Variante) 184
Lammcouscous aus dem Ofen mit Fetahaube 142
Rote Bete mit Kreuzkümmel-Joghurt 23
Johannisbeer-Ingwer-Sauce 183

K
Kalbfleisch
Fleischpflanzerl vom Kalb mit Kapern und Sardellen 92
Kalbfleisch-Pilz-Carpaccio 126
Kalbstafelspitz mit zwei Saucen 158
Kalbsbrät
Lauch-Brätnockerl 32
Rinderrouladen mit Brätfüllung 167
Kalbsleber: Leber mit Zwiebeln und Sauerkirschen 96
Kaninchenrückenfilets: Zitronenrisotto mit Kaninchen 139
Kapern
Fleischpflanzerl vom Kalb mit Kapern und Sardellen 92
Pochierte Lammfilets mit grüner Sauce 157
Karamell kochen (Küchentipp) 188
Karamellnudeln mit Himbeeren 104
Kartoffelknödelteig: Zwetschgenknödel mit Mohnbutter 110
Kartoffeln
Bratkartoffeln mit Paprika 66
Bratwurstgröstl mit Kohlrabi 72
Curry-Basilikum-Kartoffeln 170
Fischfilets mit Kartoffel-Oliven-Haube 150
Gemüsetopf mit Kartoffeln und Hack 42
Gratinierte Kartoffelpuffer 181
Hühnerkeulen auf Paprika-Lauch-Kartoffeln 95
Kartoffelgratin (als Beilage/Variante) 70
Kartoffel-Kürbis-Gratin mit Gorgonzola 70
Kartoffeln im knusprigen Speckmantel 68
Kartoffelpüree mit Oliven 67
Kartoffelsalat mit Wirsing 26
Kartoffelsuppe mit buntem Gemüse 36
Kartoffelwedges mit Limettensalz 67
Ofenkartoffeln mit Krabbensauce 69
Linseneintopf mit Knusperspeck 44
Stampfkartoffeln mit Apfel 66
Wacholderfisch auf Gemüsestreifen 88
Warenkunde 26
Käse 11, s. auch Gorgonzola, Parmesan etc.
Gratinierte Kartoffelpuffer 181
Rosmarin-Öl mit Käse 55
Buntes Gemüsegratin 81
Käsedipp (Variante) 20
Käsedressing mit Nüssen 20
Käsenudeln 57

Kohlrabi-Erbsen-Auflauf 79
Kürbisgratin mit Tomaten 176
Paprika-Käse-Brötchen 17
Pilz-Käse-Polenta 49
Speck-Honig-Datteln auf Käsecrackern 120
Tomaten-Risotto mit Salsiccia 65
Wirsingquiche mit Senfcreme 60
Käsereibe 8
Kasseler: Gemüsesuppe mit Kasseler und Senf 41
Kastaniencreme mit Birnen 186
Kastaniencremesuppe 131
Kaviar: Zitronensauce mit Kaviar 132
Kerbel: Wein-Kerbel-Schaum 145
Kichererbsen selber garen (Küchentipp) 128
Kichererbsen
Lammtopf mit Kichererbsen und Spinat 47
Orientalischer Vorspeisenteller 128
Kidneybohnen: Chilibohnen mit Knoblauchbrot 46
Kiwis: Hähnchensalat mit Früchten und Radicchio 28
Knoblauch (Einkaufstipp) 88
Knoblauchbrot 46
Knoblauchpresse 8
Knollensellerie: Gratinierte Kartoffelpuffer 181
Kohl: Buntes Gemüsegratin 81
Kohlrabi
Bratwurstgröstl mit Kohlrabi 72
Gemüsetopf mit Kartoffeln und Hack 42
Kohlrabi-Erbsen-Auflauf 79
Polentasuppe mit Kräutern und Kohlrabi 41
Kokosmilch
Gemüsecurry mit Kokosmilch 178
Kokossuppe mit Meerbarbenfilets 131
Koriandergrün
Doraden in Chili-Öl mit Erdnüssen 153
Garnelen im Zitronengrassud 146
Kokossuppe mit Meerbarbenfilets 131
Rindfleischcurry mit Aprikosen 160
Spinat mit Granatapfelkernen 171
Koriandersamen
Korianderkartoffeln 158
Zarter Fisch in Ingwer-Koriander-Salz 148
Krabben
Kartoffeln im knusprigen Speckmantel 68
Ofenkartoffeln mit Krabbensauce 69
Kräuter
Forellen in Kräutersauce 86
Hirschfilet mit Kräuterkruste und Schokosauce 168
Kräuter-Joghurt-Dressing (Variante) 20
Kräuterpfannkuchen 33
Kräuter-Zitronen-Reis 48
Ragout vom Schwein mit Kräutern 97
Kresse
Bunter Wurstsalat 29
Gratinierte Kartoffelpuffer 181
Linsen-Apfel-Suppe 41
Krustenbraten mit Zitronengras 169
Küchenhelfer 8
Küchenmaschine 8
Kürbis
Kartoffel-Kürbis-Gratin mit Gorgonzola 70
Kürbisgratin mit Tomaten 176
Kürbissuppe mit Orange 131
Lachfilets im Kürbissud 147

L

Lachs
Lachfilets im Kürbissud 147
Lachsfilet mit Gurken-Meerrettich-Sauce 84
Sauerkrauttopf mit Paprika und Lachs 43
Lammfleisch
Lammcouscous aus dem Ofen mit Fetahaube 142
Lammpflanzerl mit Koriander und Datteln (Variante) 92
Lammtopf mit Kichererbsen und Spinat 47
Pochierte Lammfilets mit grüner Sauce 157
Lauch
Gemüsetopf mit Kartoffeln und Hack 4
Gemüsecouscous mit Curry 51
Gemüse-Wok mit feinem Filet 94
Hühnerkeulen auf Paprika-Lauch-Kartoffeln 95
Kürbisgratin mit Tomaten 176
Lauch-Brätnockerl 32
Nudeln mit Huhn, Lauch und Meerrettich 56
Sauerkrauttopf mit Paprika und Lachs 43
Wacholderfisch auf Gemüsestreifen 88
Laugenbrötchen mit Zucchini-Frischkäse 16
Leber mit Zwiebeln und Sauerkirschen 96
Limetten
Kartoffelwedges mit Limettensalz 67
Limettenbutter 133
Limetten-Dressing mit Sesam (Variante) 20
Limettensirup 98
Mango-Limetten-Tatar 144
Limoncello: Zitronen-Vanille-Flan 188
Linsen indisch (Variante) 44
Linsen italienisch (Variante) 44
Linsen-Apfel-Suppe 41
Linseneintopf mit Knusperspeck 44
Linsensalat mit Räucherfisch 31
Linsen einweichen? (Küchentipp) 44
Löwenzahnsalat mit Räucherfisch 23

M

Mandeln: Schokopudding mit Mandeln und Zimt 187
Mango
Folienfrüchte mit Prosecco-Sabayon 190
Mangocarpaccio mit Schwertfisch 126
Mango-Limetten-Tatar 144
Mangosalat mit Limettensirup 98
Mangold
Paprika-Mangold mit Orangen 172
Zitronenmangold mit Pinienkernen 75
Marinierte Mozzarellawürfel 134
Marzipan
Zwetschgenknödel mit Mohnbutter 110
Zwetschgentarte mit Marzipansauce 191
Mascarpone-Nuss-Schmarrn 101
Meerbarben: Kokossuppe mit Meerbarbenfilets 131
Meerrettich
Lachsfilet mit Gurken-Meerrettich-Sauce 84
Nudeln mit Huhn, Lauch und Meerrettich 56
Räucherfisch mit Apfel-Meerrrettich 18
Roastbeefbrote mit Zucchini-Rucola-Salat 121
Melone: Tomaten-Melonen-Salat mit Gorgonzoladressing 23
Menüplanung 118f.
Messer 8
Mie-Nudeln: Asianudeln mit Gemüse und Tofu 53
Milchreis mit Beeren und Crème fraîche (Variante) 102
Milchreis mit Kirschen und Schokolade (Variante) 102
Milchreis mit Vanille und Pfirsichen 102
Minutenschnitzel mit Orangensahne 91
Minze: Rhabarbergrütze 183
Mittelmeer-Dressing (Variante) 20
Mohnsamen
Mohnbutter 110
Zwetschgen-Mohn-Sauce 99
Möhren
Asianudeln mit Gemüse und Tofu 53
Buntes Gemüsegratin 81
Chicoréesalat mit Möhren und Datteln 124
Gemüsecouscous mit Curry 51
Gemüsecurry mit Kokosmilch 178
Gemüse-Wok mit feinem Filet 94
Kalbstafelspitz mit zwei Saucen 158
Möhren-Curry-Ebly 49
Pochierte Lammfilets mit grüner Sauce 157
Quarkpflänzchen mit Gemüsesalat 180
Spargel-Möhren-Wok 174
Wacholderfisch auf Gemüsestreifen 87
Mozzarella
Bunt belegte Panini 17
Fischfilets mit Kartoffel-Oliven-Haube 150
Hühnerbrüstchen mit Steinpilz-Käse-Füllung 166
Nudelsalat mit Ölsardinen 25
Pilzpizza 60
Salat-Cannelloni 177

N

Niedriggaren (Küchentipp) 162
Nudeln abschrecken? (Küchentipp) 21
Nudeln
Käsenudeln 57
Nudeln mit Huhn, Lauch und Meerrettich 56
Nudeln, hausgemachte 134
Nudelsalat mit Ölsardinen 25
Nudelsaucen 54ff., 132f., 134
Nudelsauce aus Hackfleisch (Variante) 34
Nugatmousse (Variante) 184

Nüsse
Käsedressing mit Nüssen 20
Semmelauflauf mit Äpfeln und Nüssen 108

O

Obst: Gratinierte Früchte mit Nusshaube 106
Ofenkartoffeln mit Krabbensauce 69
Oliven
Auberginen-Reis mit Hackbällchen 140
Couscoussalat mit Fenchel und Orangen 24
Fischfilets mit Kartoffel-Oliven-Haube 150
Gebratener Reis mit Gemüse 62
Kartoffelpüree mit Oliven 67
Orientalischer Vorspeisenteller 128
Olivenpaste (Ideen) 10
Olivenpaste mit getrockneten Tomaten 134
Ölsardinen: Nudelsalat mit Ölsardinen 25
Orangen
Aprikosen-Orangen-Kompott 99
Avocado-Carpaccio mit Chili-Vinaigrette 126
Couscoussalat mit Fenchel und Orangen 24
Hähnchensalat mit Früchten und Radicchio 28
Kürbissuppe mit Orange 131
Lammcouscous aus dem Ofen mit Fetahaube 142
Minutenschnitzel mit Orangensahne 91
Paprika-Mangold mit Orangen 172
Sellerie-Orangen-Salat 170
Orientalischer Vorspeisenteller 128

P

Paprikaschoten
Asianudeln mit Gemüse und Tofu 53
Bratkartoffeln mit Paprika 66
Bunter Wurstsalat 29
Chilibohnen mit Knoblauchbrot 46
Gemüsesalat mit weißen Bohnen 30
Gemüsetopf mit Kartoffeln und Hack 4
Hühnerkeulen auf Paprika-Lauch-Kartoffeln 95
Lammcouscous aus dem Ofen mit Fetahaube 142
Paprika-Käse-Brötchen 17
Paprika-Mangold mit Orangen 172
Reissuppe mit Zucchini und Feta 37
Rinderrouladen mit Brätfüllung 167
Sahnige Paprikasauce 82
Salat-Cannelloni 177
Sauerkrauttopf mit Paprika und Lachs 43
Würziger Paprikasugo 55
Parmesan
Gebratener Reis mit Gemüse 62
Polenta-Wurst-Pflänzchen mit Tomatensalsa 143
Ricottaklößchen mit Rucola 33
Salat-Cannelloni 177
Partysalat (Variante) 25
Pecorino: Zitronenrisotto mit Kaninchen 139
Pesto (Ideen) 10
Pfirsiche: Milchreis mit Vanille und Pfirsichen 102
Pikanter Balsamico-Radicchio (Variante) 173
Pilze putzen (Küchentipp) 74
Pilze s. auch Champignons, Egerlinge
Butterpilze mit Trüffeln 132
Chilipilze in Gorgonzolacreme 74
Pilz-Käse-Polenta 49
Pilzpizza 60
Pilz-Thunfisch-Sugo 55
Zitronen-Pilz-Sauce 88
Pinienkerne
Hirschfilet mit Kräuterkruste und Schokosauce 168
Paprika-Mangold mit Orangen 171
Radicchio und Birnen mit Gorgonzola überbacken 173
Zitronenmangold mit Pinienkernen 75
Pizzateig 11
Pilzpizza 60
Schafkäsepizza 60
Pochierte Lammfilets mit grüner Sauce 157
Polenta 11
Pilz-Käse-Polenta 49
Polentaschnitten mit Tomaten und Kräutern 50
Polentasuppe mit Kräutern und Kohlrabi 41
Polenta-Wurst-Pflänzchen mit Tomatensalsa 143
Portwein
Feigen-Portwein-Sauce 83
Johannisbeer-Ingwer-Sauce 183
Produkte und Vorrat 6f.
Prosecco-Sabayon 190
Pürierstab 8
Putenschnitzel mit roher Gurkensauce 90

Q

Quark
Erdbeeren mit Vanillequark 182
Quarknockerl mit Erdbeersalat 111
Quarkpflänzchen mit Gemüsesalat 180
Quittensauce 144

R

Radicchio
Blattsalat mit gebratenen Apfelspalten 125
Hähnchensalat mit Früchten und Radicchio 28
Radicchio und Birnen mit Gorgonzola überbacken 173
Radieschen
Brötchen mit Radieschencreme 16
Bunter Wurstsalat 29
Ragout vom Schwein mit Kräutern 97
Räucherfisch
Gemüsesalat mit weißen Bohnen 30
Löwenzahnsalat mit Räucherfisch 23
Räucherfisch mit Apfel-Meerrettich 18
Räucherlachs
Tagliatelle mit Endivie und Räucherlachs 136
Toastecken mit Lachs und Wasabi 120
Räucherspeck: Kartoffelsalat mit Wirsing 26
Reis 11
Auberginen-Reis mit Hackbällchen 140
Gebratener Reis mit Gemüse 62
Kräuter-Zitronen-Reis 48
Milchreis mit Vanille und Pfirsichen 102
Reis asiatisch (Variante) 62
Reis indisch (Variante) 62
Reissuppe mit Zucchini und Feta 37
Tomaten-Risotto mit Salsiccia 65
Zitronenrisotto mit Kaninchen 138
Reisnudeln mit Korianderhuhn 137
Rhabarbergrütze 183
Rhabarberkompott mit Vanille 98
Ricotta
Crostini mit Tomatenricotta 121
Ricottaklößchen mit Rucola 33
Salat-Cannelloni 177
Rindfleisch
Fleischbrühe 34
Rinderbraten in Weißwein geschmort 161
Rinderlende im Ofen sanft gegart 162
Rinderrouladen mit Brätfüllung 167
Rindfleischcurry mit Aprikosen 160
Rindfleischsalat (Variante) 34
Risotto garen (Küchentipp) 65, 139
Risottoreis (Warenkunde) 139
Roastbeefbrote mit Zucchini-Rucola-Salat 121
Romanasalat: Salat-Cannelloni 177
Rosenkohl mit Zitronen-Thymian-Butter 77
Rosenkohlgerste mit Gorgonzola 64
Rosmarin-Öl mit Käse 55
Rotbarbenfilets in Vanillebutter 152
Rote Beten mit Kreuzkümmel-Joghurt 23
Rote-Bete-Carpaccio mit Feigen-Vinaigrette und Ziegenkäse 122
Rote-Bete-Suppe (Variante) 38
Rucola
Bunt belegte Panini 17
Buntes Gemüsegratin 81
Pilz-Thunfisch-Sugo 55
Ricottaklößchen mit Rucola 33
Rinderlende im Ofen sanft gegart 162
Rinderrouladen mit Brätfüllung 167
Roastbeefbrote mit Zucchini-Rucola-Salat 121
Schafkäsepizza 60
Tomaten-Melonen-Salat mit Gorgonzoladressing 23

S

Safran (Küchentipp) 140
Safrantomaten mit Ziegenkäse 133
Sahnige Paprikasauce 82
Saibling in Folie auf Tomaten-Fenchel-Gemüse 154
Salat mit Sesamdressing 148
Salat-Cannelloni 177
Salat-Fantasien 20
Salsiccia
Einkaufstipp 143
Polenta-Wurst-Pflänzchen mit Tomatensalsa 143
Tomaten-Risotto mit Salsiccia 64
Sardellenfilets
Fleischpflanzerl vom Kalb mit Kapern und Sardellen 92
Lachfilets im Kürbissud 147

Pochierte Lammfilets mit grüner Sauce 157
Rinderlende im Ofen sanft gegart 162
Sauerkirschen: Leber mit Zwiebeln und Sauerkirschen 96
Sauerkraut garen (Küchentipp) 43
Sauerkrauttopf mit Paprika und Lachs 43
Schafkäsepizza 60
Schinken
Bunt belegte Panini 17
Pilzpizza 60
Rosenkohlgerste mit Gorgonzola 65
Schinkenstreifen in Limettenbutter 133
Schokoauflauf auf Honigbananen 105
Schoko-Chili-Mousse 184
Schokopudding mit Mandeln und Zimt 187
Schokosauce 168
Schupfnudeln (Grundrezept) 73
Schupfnudeln mit Sahne-Senf-Pilzen 73
Schwarzbrotauflauf mit Kirschen (Variante) 108
Schweinebraten: Krustenbraten mit Zitronengras 169
Schweinefleisch
Minutenschnitzel mit Orangensahne 91
Ragout vom Schwein mit Kräutern 97
Schweinefleisch auf karamellisiertem Chicorée (Variante) 168
Schwertfisch: Mangocarpaccio mit Schwertfisch 126
Seeteufel auf Ingwertomaten aus dem Ofen 151
Sellerie-Orangen-Salat 170
Semmelauflauf mit Äpfeln und Nüssen 108
Senf
Gemüsesuppe mit Kasseler und Senf 41
Schupfnudeln mit Sahne-Senf-Pilzen 73
Wirsingquiche mit Senfcreme 60
Sesamnudeln mit Limette (Beilage) 178
Sherry: Hähnchen orientalisch in Sherry geschmort 164
Sojasprossen: Asianudeln mit Gemüse und Tofu 53
Spargel
Gnocchi mit grünem Spargel 58
Grüner Spargel mit Eier-Feta-Sauce 19
Spargel schälen (Küchentipp) 19
Spargel-Möhren-Wok 174
Speck
Kartoffeln im knusprigen Speckmantel 68
Linseneintopf mit Knusperspeck 44
Rinderrouladen mit Brätfüllung 167
Speck-Honig-Datteln auf Käsecrackern 120
Spinat
Lammtopf mit Kichererbsen und Spinat 47
Salat-Cannelloni 177
Spinat mit Granatapfelkernen 171
Spinatsauce mit Feta 55
Stampfkartoffeln mit Apfel 66
Staudensellerie
Forellen in Kräutersauce 86
Gemüsesalat mit weißen Bohnen 30
Gemüse-Wok mit feinem Filet 94
Kalbstafelspitz mit zwei Saucen 158
Pochierte Lammfilets mit grüner Sauce 157
Rinderrouladen mit Brätfüllung 167
Sellerie-Orangen-Salat 170
Steinpilze, getrocknete: Hühnerbrüstchen mit Steinpilz-Käse-Füllung 166
Suppen binden (Küchentipp) 38

T
Tafelspitz 158
Tagliatelle mit Endivie und Räucherlachs 136
Thunfisch 11
Gemüsesalat mit weißen Bohnen 30
Pilz-Thunfisch-Sugo 55
Toastecken mit Lachs und Wasabi 120
Tofu
Asianudeln mit Gemüse und Tofu 53
Warenkunde 53
Tomaten, getrocknete
Crostini mit Tomatenricotta 121
Gebratener Reis mit Gemüse 62
Gedämpfter Fisch mit Knoblauchtomaten 87
Polentaschnitten mit Tomaten und Kräutern 50
Tomaten
Avocado-Carpaccio mit Chili-Vinaigrette 126
Blattspinat mit Tomaten 77
Buntes Gemüsegratin 81
Fisch-Bulgur mit Tomate und Granatapfel 141
Gemüsecurry mit Kokosmilch 178
Gemüsesalat mit weißen Bohnen 30
Gemüsetopf mit Kartoffeln und Hack 4
Gnocchi mit grünem Spargel 58
Käsenudeln 57
Kokossuppe mit Meerbarbenfilets 131
Krustenbraten mit Zitronengras 169
Kürbisgratin mit Tomaten 176
Lachfilets im Kürbissud 147
Löwenzahnsalat mit Räucherfisch 23
Nudelsalat mit Ölsardinen 25
Pilzpizza 60
Pilz-Thunfisch-Sugo 55
Reisnudeln mit Korianderhuhn 137
Rindfleischcurry mit Aprikosen 160
Rosmarin-Öl mit Käse 55
Safrantomaten mit Ziegenkäse 133
Saibling in Folie auf Tomaten-Fenchel-Gemüse 154
Salat-Cannelloni 177
Schafkäsepizza 60
Seeteufel auf Ingwertomaten aus dem Ofen 151
Tomaten-Avocado-Tatar 145
Tomatencouscous mit Gewürzbutter 48
Tomaten-Melonen-Salat mit Gorgonzoladressing 23
Tomaten-Risotto mit Salsiccia 65
Tomatensalat mit Ofenfeta (Variante) 122
Tomatensalsa 143
Würzige Tomatensauce 82
Trüffel: Butterpilze mit Trüffeln 132

V
Vanille (Einkaufstipp) 102
Vanillebutter 152
Vanillequark 182
Vanillesauce 107
Vinaigrette für die ganze Woche 7
Vorbereitung eines Menüs 114f.
Vorratshaltung 6f.

W
Wacholderfisch auf Gemüsestreifen 88
Walnüsse: Bratäpfel in Vanillesauce 107
Wasabi: Toastecken mit Lachs und Wasabi 120
Wein-Kerbel-Schaum 145
Weinsauce 182
Wirsing
Kartoffelsalat mit Wirsing 26
Wirsingquiche mit Senfcreme 60
Wurstsalat 29
Würzige Tomatensauce 82
Würziger Paprikasugo 55

Z
Zanderfilets auf Paprikakohl (Variante) 84
Zarter Fisch in Ingwer-Koriander-Salz 148
Ziegenkäse
Rote-Bete-Carpaccio mit Feigen-Vinaigrette und Ziegenkäse 122
Safrantomaten mit Ziegenkäse 133
Speck-Honig-Datteln auf Käsecrackern 120
Zitronen
Kräuter-Zitronen-Reis 48
Zitronenmangold mit Pinienkernen 75
Zitronen-Pilz-Sauce 83
Zitronenrisotto mit Kaninchen 139
Zitronensauce mit Kaviar 132
Zitronen-Thymian-Butter 77
Zitronen-Vanille-Flan 188
Zitronengras
Garnelen im Zitronengrassud 146
Krustenbraten mit Zitronengras 169
Zubereiten ohne Stress 114
Zucchini
Asianudeln mit Gemüse und Tofu 53
Brötchen mit Zucchini-Frischkäse 16
Gebratener Reis mit Gemüse 62
Gemüsesalat mit weißen Bohnen 30
Lammcouscous aus dem Ofen mit Fetahaube 142
Reissuppe mit Zucchini und Feta 37
Roastbeefbrote mit Zucchini-Rucola-Salat 121
Salat-Cannelloni 177
Zucchini-Frittata 80
Zuckerschoten
Quarkpflänzchen mit Gemüsesalat 180
Reisnudeln mit Korianderhuhn 137
Zwetschgenknödel mit Mohnbutter 110
Zwetschgen-Mohn-Sauce 99
Zwetschgentarte mit Marzipansauce 191
Zwiebelhacker 8
Zwiebeln
Käsenudeln 57
Leber mit Zwiebeln und Sauerkirschen 96
Rindfleischcurry mit Aprikosen 160

Text und Fotografie
Cornelia Schinharl
hat ihre Liebe zu den kulinarischen Genüssen zum Beruf gemacht. Seit vielen Jahren bringt sie ihren Erfahrungsschatz als freie Food-Journalistin und Kochbuchautorin zu Papier und hat dafür schon mehrere Auszeichnungen bekommen, unter anderen vier Silbermedaillen der Gastronomischen Akademie und einen World Cookbook Award. Ihr besonderes Interesse gilt der modernen unkomplizierten Küche, in der der besondere Reiz nicht im aufwendigen Zubereiten, sondern im Einsatz bester Zutaten und deren gekonnter Kombination liegt. Für dieses Buch hat sie schnelle Gerichte für jeden Tag sowie einfache und dabei festliche für die besonderen Gelegenheiten entwickelt.

Ulrike Holsten lebt als Fotografin in Hamburg und fotografiert Genuss für Bücher, Zeitschriften und Magazine wie DER FEINSCHMECKER, für den sie auch bereits zwei anspruchsvolle Kochbücher illustriert hat. Ihre klaren und doch stimmungsvollen Fotos bringen den besonderen Reiz der modernen, unkomplizierten Jeden-Tag-Küche zu Geltung.

Frauke Koops, international erfolgreiche Foodstylistin, Produzentin und Rezeptautorin arbeitet für Foodzeitschriften und Magazine wie DER FEINSCHMECKER. Auch für dieses Buch hat sie die Gerichte wieder stilsicher in Szene gesetzt und zeigt, wie Salate, Suppen, Schnitzelchen und Fischfilet mit wenig Aufwand nicht nur zum kulinarischen, sondern auch zum optischen Genuss werden.

Programmleitung: Doris Birk
Redaktion: Birgit Rademacker
Lektorat: Adelheid Schmidt-Thomé
Korrektorat: Mischa Gallé
Fotografie: Ulrike Holsten
Assistenz: Verena Kallweit
Produktion und Styling: Frauke Koops
Assistenz:
Katrin Koelle und Ute Richter
Herstellung: Susanne Mühldorfer
Gestaltung:
independent Mediendesign, München
Layout und Satz:
BuchHaus Robert Gigler, München
Reproduktion: Fotolito Longo, Bozen
Druck: Firmengruppe APPL, aprinta, Wemding
Bindung: Conzella, Pfarrkirchen

ISBN 978-3-8338-0834-0

1. Auflage 2007

DAS ORIGINAL GU MIT GARANTIE

Unsere Garantie

Alle Informationen in diesem Ratgeber sind sorgfältig und gewissenhaft geprüft. Sollte dennoch einmal ein Fehler enthalten sein, schicken Sie uns das Buch mit dem entsprechenden Hinweis an unseren Leserservice zurück. Wir tauschen Ihnen den GU-Ratgeber gegen einen anderen zum gleichen oder ähnlichen Thema um.

Liebe Leserin und lieber Leser,

wir freuen uns, dass Sie sich für ein GU-Buch entschieden haben. Mit Ihrem Kauf setzen Sie auf die Qualität, Kompetenz und Aktualität unserer Ratgeber. Dafür sagen wir Danke! Wir wollen als führender Ratgeberverlag noch besser werden. Daher ist uns Ihre Meinung wichtig. Bitte senden Sie uns Ihre Anregungen, Ihre Kritik oder Ihr Lob zu unseren Büchern. Haben Sie Fragen oder benötigen Sie weiteren Rat zum Thema? Wir freuen uns auf Ihre Nachricht!

Wir sind für Sie da!
Montag – Donnerstag:
8.00 – 18.00 Uhr;
Freitag: 8.00 – 16.00 Uhr
Tel.: 0180 - 5 00 50 54*
Fax: 0180 - 5 01 20 54*
E-Mail: leserservice@graefe-und-unzer.de

P.S.: Wollen Sie noch mehr Aktuelles von GU wissen, dann abonnieren Sie doch unseren kostenlosen GU-Online-Newsletter und/oder unsere kostenlosen Kundenmagazine.

GRÄFE UND UNZER VERLAG
Leserservice
Postfach 86 03 13
81630 München
*(0,14 €/Min. aus dem dt. Festnetz)

GRÄFE UND UNZER
100 JAHRE GANSKE VERLAGSGRUPPE

Ein Unternehmen der
GANSKE VERLAGSGRUPPE